Lorenz Filius

Eines Poeten Sonnenuntergang

Im Dämmern liegt ein Licht

Klassische und prosaische Gedichte

3. Version

Impressum
Filius, Lorenz: Eines Poeten Sonnenuntergang
© Lorenz Filius, 2010/2019

Herstellung und Verlag: BoD- Books on Demand, Norderstedt
ISBN: 978-3-8391-8448-6

Bibliografische Information der Deutschen Nationalbibliothek
Die Deutsche Nationalbibliothek verzeichnet diese Publikation in
der Deutschen Nationalbibliografie; detaillierte bibliografische
Daten sind im Internet über http://dnb.d-nb.de abrufbar.

Inhaltsverzeichnis

Alltagsphilosophisches

Alltagsphilosophisches

Mein Leben

Ich kann nicht diese Lieder singen,
welche auf mir reiten, und kann nicht
diese Lächeln lachen, welche mich
bestreiten.

Ich kann nicht diese Worte sprechen,
die mir nicht gehören, und nicht
die Blicke dorthin lenken, wo sie
keinen stören.

Ich kann nicht diese Töne fühlen,
die mir nichts bedeuten, und nicht
mit bloßem Daumendrehen
meine Zeit vergeuden.

Ich kann nicht hinter Gittern
leben, die ich mir nicht baute,
und meinen Kreis nach denen richten,
denen ich nie traute.

Drum singe ich die Lieder, die ein
Lachen an mich schmiegen,
und spreche neue Worte, die die
Augen nicht belügen.

Ich höre dann das Echo, das mir
meine Zeit erweitert,
und breche auf die Stäbe,
zu erfahr'n, was mich befreit hat.

Schlaf und Schicksal

Ein Herz rast durch die Nacht,
entfernt von Welt und Wirklichkeit,
zerfallen auf die Macht,
die ungern feilscht um seine Zeit.

So unbekannt die Not,
so wichtig fühlt sie sich doch ein,
denn wenn sie uns bedroht,
erfährt man, was es heißt, zu sein.

Vom Blau des Lichts umringt,
erpocht ein jeder Schlag sich Glück,
das Spiel um Hoffnung bringt
es um und oftmals auch zurück.

Die Nacht verstreicht den Schein,
ein Gähnen schreckt sich zu ihm auf,
das Licht hört auf zu schrei'n,
der Schlaf fährt fort im Schicksalslauf.

* * *

*Das Blaulicht in der
Nacht macht kurz
bewusst, was morgens
keine Sorge macht.*

Wahrheitslichter

Wird es Licht aus der Erscheinung,
sieht man seinen Schatten nicht,
man erspart sich die Verneinung,
die die Wahrheit bringt ans Licht.
Fällt die Wahrheit aus den Lichtern,
sammelt man die Scherben auf,
Riss in Mosaikgesichtern
zeigt den Wirklichkeitsverlauf.

Nachtdemenz

Ich blicke durch den Staub der Stadt,
der sich dort ausgebreitet hat,
wo manches andere Gesicht,
das kam und kommt, den Blick zerbricht.

Es brummt Gewohnheit unter mir,
sie fährt tagtäglich durchs Revier
und transportiert die Leiber fort,
wohin, weiß kein Bestimmungsort.

Wer kommt und geht, der ist nicht frei,
wer schwarz fährt, sorgt für Einerlei,
mein Gähnen schließt sich mit der Tür,
den Blick nach draußen ich entführ'.

Ich leg die Hände in den Schoß,
was hier nichts sagt, ist dort nicht los,
das Schweigen ist nicht Höflichkeit,
nur von zu Haus nach hier entzweit.

Mir kommt es vor, dass alles klebt,
was von der Hand ins Dasein lebt,
und auch ich selbst verliere nur
die Fahrtrichtung an meine Spur.

Am letzten Haltepunkt entweicht
mein Tag, der nicht zum Ende reicht,
verlässt die Lupe des Moments,
fährt weiter in die Nachtdemenz.

*Die Müdigkeit der
Stadt einen Spiegel in
den Menschen hat.*

11

Traumverbannung

Die Nacht hat's mir gesagt und mich ganz
unverhofft ins Glück geschickt.
Der Unverstand der Grübelei ist mir
mit einem Mal entrückt.

Gerührt von meiner Einsicht
hat ein Schauer sich in mir gelöst.
Der Atem dieses Augenblicks hat Seufzen
in den Traum geflößt.

Es deckt ihn zu, schickt ihn nicht weg
und lässt ihn schlafen durch die Zeit,
wohl wissend, dass er tief in mir
als Sehnsucht weiter fort gedeiht.

Doch wach ich auf, erklärt der Tag,
dass auch die Nacht zuweilen lügt,
wenn sie der Sehnsucht sich verschreibt
und mich ihr Sternenhimmel trügt.

Dann liegt er da und wird entblößt
durch Farben aus der Gegenwart,
sein Dunkel mich erneut ergreift,
weil's nicht mehr ist mit Nacht gepaart.

.

Verschmähendes Herz

Ach flöße doch mein Herz hinab
zum Abgrund meiner Lieder,
es fände, was ich mir nie gab,
den Seelenfrieden wieder.

So weint es nur in Melodien
und kann sie nicht verstehen,
so oft sie schon im Leid gedieh'n,
nicht eins wird so vergehen.

Ich hebe auf ein jedes Los,
mir selbst geschenkt aus Worten
und lege sie mir in den Schoß,
doch nur, um sie zu horten.

Darüber noch das Hoffen pocht,
ich würd' es gerne tragen,
es läuft beständig vor mir fort,
um nicht den Schoß zu fragen.

Dort halt' ich meine Perlen fest,
mein Herz sucht nur den Goldstaub,
vielleicht sich's einst verlocken lässt,
zu schätzen, was ich aufklaub'.

*Was man hat, muss
man erst finden, wenn
das Herz beginnt zu
schwinden.*

Persönliches Leben

Es gibt kein Recht, sich auszuruh'n,
weil uns das Leben nicht erzwingt,
wer lebt, der muss auch etwas tun,
sonst bleibt er immer nur ein Kind.

Nimmst du das Leben ernst, dann sieh
‚sozial sein' als ein Spiel darin,
das nur aus einem Grund gedieh,
weil jemand hortete Gewinn.

Dort gibt und nimmt ein jeder das,
was ihm Bequemlichkeit verschafft,
im Nehmen liegt fast immer Spaß,
das Geben kostet eigne Kraft.

Und nimmst du nur aus einer Pflicht,
weil diese dir natürlich scheint,
versteh'n die anderen dich nicht,
das Leben hat's nicht gut gemeint.

Vergibst du dich, wird auch nichts draus,
kein Mitleid schürt das letzte Hemd,
dies zieht dir schon der Anspruch aus,
der meist den Träger gar nicht kennt.

Und selbst ein faires Hin und Her
nicht immer nur im Rahmen bleibt,
denn Recht hat schließlich immer der,
der weiß, wie man's mit Regeln treibt.

So spiele oder lass es sein,
das Risiko bleibt immer stur,
nicht gut und auch nicht sehr gemein,
persönlich ist das Leben nur.

Des Poeten Wahrheit

Die Zeit bestimmt,
woraus sich der Poet besinnt,
erfragend sich aus dem Verstand:
die Dinge leben wortgewandt.

Das Nackte spricht,
verkleiden möchte er es nicht,
in Kleidung hüllen aber schon,
verdient sonst kaum der Lyrik Lohn.

So nimmt er Maß,
und sind die Bilder noch zu blass,
enthebt er sie aus ihrer Welt
mit Farben, die sein Fühlen wählt.

Von dort nach hier,
verblümte Kunst fällt zu Papier,
ein jedes ist ein Unikat,
Moment aus Licht, das Freiheit hat.

Die Wahrheit wird
auf diese Weise ausprobiert,
doch maßt sich Wirklichkeit nicht an;
nur dann man Versen glauben kann.

Gestapelte Höhlen

Moderne Lebenskünstler wohnen
in gestapelten Höhlen
und malen ihr Leben
in stetiges Nölen.

In Galerien gleicher Demut
sind verewigt Skulpturen
der Domestizierung
entmenschlichter Spuren.

Die Lust zur Künstlichkeit erfanden
nach Epochen aus Kriegen
die Gründer der Freiheit,
um Kunst zu besiegen.

Sie selber blieben lieber Spießer
der geopferten Träume
und halten die Stellung
im Schatten der Räume.

Und neue Kunst, zu überleben,
ohne Platz zu verschwenden,
entwickelt die Bürde
aus Würde in Wänden.

Aus Kunst wird Kampf im Künstlerdasein
um Kultur in den Gruften
mit Leihartefakten,
für die sie nicht schuften.

Moderne Lebenskünstler hausten,
werden Forscher einst sagen,
in Höhlen des Krieges
aus besseren Tagen.

*Wohnungstürme
schirmen ab, was der
Fuß der Erde gab.*

Ehre des Abends

Die Stimmung der Nacht ist am Morgen des Regens
ein alberner Traum aus verschlungenem Wein.
Gebettete Wunder der Welt eines Abends
bezweifeln den Zauber und halten sich klein.

Aus dunkler Belichtung euphorischer Stunden
entschwanden die Blicke in endlose Nacht,
und selig verweilten sie tief in der Zukunft,
in finsteren Weiten kein Horizont wacht.

Ich klage durch Tropfen aus Pein hinter Scheiben,
warum ich verstand, was sich nun nicht erklärt:
Geschwätz einer Sehnsucht, mich selbst zu verlassen,
ernüchtert vom Rauschen die Hoffnung verwehrt.

Wie lang muss mein Zaudern das Zuckerbrot essen,
um Peitschen des Morgens als Sinn zu versteh'n?
Vermächtnis der Antwort im Abgrund der Seele
will niemals dem Balsam der Nächte entgeh'n.

Noch einmal bezahl ich die Zeche des Tages
mit Blüten aus meinem erpressenden Tun;
und glaube wahrhaftig, die Ehre des Abends
lässt morgen die Zweifel am Sonnenschein ruh'n.

Da liegt ein Mensch

Da liegt ein Mensch im Winkel meines Auges,
und wie ein Sandkorn quält er mich, zu reiben,
doch er bleibt liegen und beginnt zu brennen,
will mir die Tränen in die Augen treiben.

Ich schließ sie zu und lass die Sonne wärmen,
es heilt das Glück die Pein, die ich nicht habe,
doch das, was brennt, verbeißt sich immer tiefer,
auf dass mein Kopf sich an den Schmerzen labe.

Ein Blick voran, dort seh' ich meine Freiheit,
der ich nicht glaub, weil sie mich zwingt, zu suchen,
und auch das Weh vergibt nicht meine Mühen,
nicht mich, nur dies beginn ich, zu verfluchen.

Ich lenk mich ab, Phantome zu verscheuchen,
und finde viel, das ungeahnt die Zeit frisst,
ein Wimpernschlag aus Zufall des Gewissens
entdeckt im Eck, was immer noch ein Dorn ist.

Am Scheideweg, wo Harren wird zum Unsinn,
die letzte Chance, zu heilen meine Schmerzen;
geh ich vorbei, verbrennt daran die Seele,
doch hab ich Mut, verbinden sie die Herzen.

> *Warum braucht das
> Helfen Mut? Weil es
> einem etwas tut.*

Neulust

Aufgerieben hatte
verwirkte Neulust
Zeit genug,
Legitimität zu suchen.
Doch strebte sie allein
nach dem Gefühl,
nicht in den Tag
hineinzufluchen.

Schoss übers Ziel hinaus,
ließ Meilensteine
achtlos liegen;
fand sich begnadet,
ganz ohne sie
davonzufliegen.

Im Höhenflug
zerschellten
neue Horizonte
in Weiten, wo noch nie
die Zukunft wohnte.

Verblasster Sturzflug
bald verschollen
in Räumen
ohne Wollen.

Aufgerieben ...
Abgetrieben.

Aus dem Rahmen

Flache, hingeschmierte Bilder
sind die Opfer von Beschwerden,
weil die Rahmen, die sie schmücken,
nicht durchs Klecksen weiter werden.

Augen sind schon längst verdorben
durch das allzu nahe Gieren,
doch so schwinden alle Grenzen
zwangsentschärfter Wunschtraumschlieren.

Tief im Auge des Betrachters
Größe, die das Hirn erfindet,
mit Gewöhnung an den Glauben
Ziel des Blickes Hoffnung schwindet.

Ein erneutes Distanzieren
wird nur selten jemand wagen,
denn mit ausgeholtem Abstand
kann die Kunst den Künstler schlagen.

Und der Blick stößt durch die Fasern
seiner farbverdorb'nen Leinwand,
fällt so weiter aus dem Rahmen,
den er für sein Bild zu eng fand.

*Wenn Selbstgefälligkeiten
ihren Horizont erweitern,
dann sprengen sie den
Rahmen, ohne andre zu
erheitern.*

Überwunden

Nein, es ist nicht überwunden,
nein, es ist nicht ungescheh'n,
hab so lange mich geschunden,
um ein Ende abzuseh'n.

Jenen Stürmen meiner Mühen
und den Wirbeln ihrer Wut,
konnte ich kaum Kraft entziehen,
Ausgesetztheit nahm mir Mut.

Mitgerissen wurden Wahrheit,
Lügen, Träume und ein Lied,
dessen Harmonie und Klarheit
schnell im Sog des Lärms verschied.

Wie ein Wunder stürzte Frieden
über Ängstlichkeit herein,
schlafend oder gar verschieden,
doch die Ruhe trog der Schein.

Denn nach Suchen tief im Schmerze
lebte ich in Dunkelheit,
einem Auge, dessen Schwärze
bald erneut den Sturm befreit.

Die trügerische Sicherheit im Auge des Orkans
verbirgt, was er hat längst befreit, als Fortsetzung
des Plans.

Philosophen

Der Abend schenkt dem Philosophen
Weite für die Lebensstrophen,
denn die Tageslichter schmieren
Farben, die den Geist verwirren.

Die Nächte decken auf die Schatten,
Dunkelheit kann viel verraten,
wenn Konturen nichts umreißen,
kann der Geist sich daraus speisen.

Der Denker findet kleine Lichter,
hört Geräusche, sieht Gesichter,
die am Tag gefangen scheinen
und um ihre Freiheit weinen.

Gedanken sind die ersten Worte,
suchen wahrheitliche Orte,
und vom Schutz des Traums umgeben
lernen sie, zu überleben.

Das Züngeln neuer Morgenflammen
kann die Nachtgedanken bannen,
doch wenn Väter sie behüten,
treiben sie in Kindern Blüten.

Geistiges Dilemma

Im Knäuel
verflochtener Informationen
entstehen geradlinige Quintessenzen,
welche in Sinne und Gelenke fließen,
Emotionen erheben und verderben,
das Wissen bereichern und zerschießen.

Gehandelt
entraubt das Verhandelte
den willigen Werkzeugen die Souveränität,
entflieht in mentale Knoten,
beschwert mit den Fronten der Wahrheit,
um neue Befehle auszuloten.

Ein Bote,
beflügelt von Neugier,
auf Wegen von Fragen zu Fragen,
doch Antworten niemals genügen,
denn das, was nicht denkt, kann nur leben,
in Unschuld die Herrscher belügen.

Gefährten
der Schwäche vernebeln das Sein,
doch das klagende Rennen geht weiter,
ein Wettlauf der Angst mit der Zeit;
verklungener Herzschlag geopferter Körper
bleibt unbeeindruckt vom geistigen Leid.

*Der Geist nutzt als Werkzeug
das Fleisch, doch dieses macht
jenen mit Irrtümern reich.*

Winteraktionismus

Ich habe die Gefühle in den Schnee gestarrt,
dort haben sie im Frost des Willens ausgeharrt,
den Winterschlaf der Welt verneint in meiner Hast,
Entschlüsse ungeboren viel zu früh gefasst.

Verstrickt in eine Ansicht, die ich nie besaß
verschwand des Sommers Glaube hinterm Fensterglas,
hinaus, ich wollte fort, doch etwas hielt mich auf,
ich ließ dem Zank von Tun und Ruhen seinen Lauf.

Ich hab gedacht, ich hab geflucht, doch nie geweint,
denn Tränengründe waren mit dem Schnee vereint,
Kalküle kurzen Atems haben unbedacht
das Spüren wahren Denkens um sein Recht gebracht.

Erwacht aus meiner Trance klagt mich das Frühjahr an:
Was hast du deiner Müdigkeit nur angetan?
Die Emotionen aufgetaut, sie sind enttäuscht,
dass ihrem Wunsch kein Tatendrang entgegenfleucht.

Es folgt der Winterlethargie die Frühjahrsmüdigkeit,
so wach und müde wie noch nie, zu keiner Tat bereit,
Entschlüsse, die die Kraft mir raubten, sind verpufft,
weil ich die Kraft nicht spüren kann, die nach mir ruft.

Reifer Tropf

Manchmal tanz ich in der Pubertät,
wenn sie mir in meinen Sinn gerät,
pfeife auf verbohrte Zukunftsspur,
hau mein Lachen in die Reifekur.

Klopf auf Schultern, die ich nie gekannt,
geh' gemütlich, wo ich sonst gerannt,
kauf 'nen Luftballon und schenke ihn
einem Kind, das ich für mich gewinn.

Schieb den Rollstuhl, der dort einsam steht,
in die Welt, die sich nicht um ihn dreht,
lach den ernsten Polizisten an,
der sich nicht mehr konzentrieren kann.

Such den Umweg, um die Zeit zu seh'n,
lass den Regen ohne Schirm gescheh'n,
nehm' die Sonne, auch wenn sie nicht scheint,
find die Freundin schön, wenn sie auch weint.

Geh nach Hause, wenn die Nacht beginnt,
weil sich Müdigkeit auf mich besinnt,
wenn ich aufwach' aus dem Kind im Kopf,
bin ich wieder nur der reife Tropf.

Cockpit

Im Cockpit meines Kopfes sehe ich
vor lauter toten Winkeln kaum die
Route meines Fluges. Liegen Unglücke
am Boden oder hängen mir die Reste
ihrer Hoffnung noch in Fetzen an den
Wischern meines Buges?

Es ist so herrlich, durchzustarten
mit der Kraft der Einsamkeit aus
Blindprotagonismus. Das Drehen der
Turbinen saugt das Rauschen aus der
Welt in meinen Kopf und kondensiert
dahinter zu der Einheit meines
Kind-Absolutismus.

Die Mauer meines Schalls zerbirst im
Wahnsinn des Getöses lautlos in der
Menge ganz weit unten. Auch vorn ist
nichts, was noch bestaunen könnte
meine Loopings durch den Zwang von
Turbulenzen in den Tanz
fataler Runden.

*Auf sich fixiert erkennt man
nicht, dass man dem eignen
kleine Licht meist unentdeckt
die Strahlen bricht.*

Kopf und Stein

Friedlich liegt er auf dem Tisch
und beschwert das Briefpapier,
könnte er erinnern sich,
reichten Seiten nicht dafür.

Aus dem Berg hinab ins Tal
rollte ihn die Urgewalt,
welche ihm die Heimat stahl,
um zu geben ihm Gestalt.

Bald verschlungen durch den Fluss,
zu bereisen eine Zeit;
mit Entgratung rechnen muss,
wer sich in die Fluten reiht.

Ausgespuckt auf weichem Sand
oder in die Felsenschlucht,
sucht er Schutz im neuen Land,
bis auch dieses ihn verflucht.

Aufgehoben und verscharrt,
fliegend oder unbewegt,
als Erinnerung bewahrt,
oder in den Schutt gelegt.

Fand dann endlich seine Ruh,
durch Verbannung aus dem Schein,
tut das Gleiche, was ich tu,
denn mein Kopf ist wie ein Stein.

Ich will mehr

Möchte fühlen, was ich sehe,
nicht verstehen, was mir blüht,
möchte, dass es mir geschehe,
und nicht vor mir nur geschieht.

Will die Sätze auch begreifen,
nicht, wie man mit Worten spricht,
will durch deine Blicke streifen,
nicht nur anschau'n ein Gesicht.

Möchte nicht nur Fragen haben
sondern mehr noch ihre Not,
möcht' an Antwort mich nur laben,
wenn sie dem Verstand nicht droht.

Will nicht einfach nur vergeben,
auch die Gegenseite seh'n,
will das Leben zwar erleben,
doch auch selbst in diesem steh'n.

Suizid der Lüge

Ich habe ins Bewusstsein mir geschrien,
um Bilder mit Kontrasten zu verletzen,
sie wollten ihren Rahmen nicht verziehen,
und drohten, sich in weitere zu setzen.

Verschlossen hab vor Bildern ich die Augen,
damit sie hinter Wirklichkeit verhungern,
doch schon begannen sie, mich auszusaugen,
um dann nur in der Einbildung zu lungern.

Entspanntes Lächeln gießt die neuen Farben,
mein Schrei ertrinkt in ihren bunten Fluten,
die Selbstverletzung wird schon bald vernarben,
und niemand einen Suizid vermuten.

* * *

*Jemand nur Wahrhaftigkeiten
findet, wenn er stößt auf
Wahrheit seiner Lügen, die
erhofft, dass er sehr bald
erblindet.*

Zeitverkauf

Die potenzielle Energie
der Nichtigkeit der Szenerie
ist schneller ohne Herz verbraucht,
als sich 'ne Zigarette raucht.

Die Zeit wird dazu expandiert,
verkauft, bevor sie kollabiert,
der Reinerlös ist ungeniert,
weil er in Trümmern sich verliert.

Löcher im Morgen

Es fegt ein Wind
vereisend durch die Löcher
meiner Morgen.
Ich brannte sie
bereisend in die Nächte
froher Sorgen.

Mein Blick erfriert
mit jedem neuen Stechen
in das Freuen;
geschämt gereut,
lass ich die Eiskristalle
Stopfen streuen.

Vernarbte Zeit
durch Wunden meiner Tage
stoppt das Klopfen.
Poröser Raum
durch kristalline Hoffnung
stirbt in Tropfen.

Der letzte Sog

Wer hat das Monochrom verschmiert,
das Seelenlicht in Ängste stiert
und hat die Bilder zugedeckt,
mit Farbstoff ihre Welt befleckt?

Wer hat Gedanken parfümiert,
für die man sonst sich nur geniert
und hat die Worte umgeschmeckt,
damit der Hunger sie auch leckt?

Wer hat das Rot neu definiert,
damit das Blut nicht mehr gefriert?
Wer hat das Gift mit Schmalz gestreckt,
damit's den Bierbauch nicht erschreckt?

Wer hat die Zukunft einkassiert,
worin sich Heute nur verliert
und eine Fährte ausgelegt,
die gerade aus an gar nichts eckt?

Es ist der Sog, der sich verschluckt
an Traurigkeit, die fröhlich spukt,
und dieser so kein Ende setzt,
weil er erbricht, was ihn verätzt.

Versuch(ung)

Seh' ein Schiff in weiter Ferne,
und es kreuzt mir ins Gemüt,
würde folgen ihm so gerne,
will doch nicht, dass dies geschieht.

Als es nah kommt, winkt ein Schatten,
's ist der Käpt'n auf dem Boot,
Segel, grün und rot, verraten
mir sein breites Angebot.

Was ist Glück und was gefährlich,
soll ich gehen oder nicht?
Wenn ich geh, dann wird's beschwerlich,
wenn ich bleib, zerrinnt mein Licht.

Der Versucher will nicht plaudern,
kann nicht warten, muss jetzt geh'n;
was bedeutet schon ein Zaudern,
dort, wo viele wartend steh'n?

Als ich nochmals überlege,
er gen Horizont schon zieht,
scheint, zu sinken auf dem Wege,
doch bin ich's, der vor ihm flieht.

Wenn du die Chancen
schwinden siehst, prüfe erst,
ob du vor ihnen fliehst.

Rechenschaft

Frage keinen Mund
um DEINE Rechenschaft;
tut nur seine kund
und raubt der DEINEN Kraft.

Suche stets DEIN Ziel
auf DEINEM eig'nen Pfad,
wenn's DICH finden will,
es DEINE Wahrheit hat.

* * *

Kraftvolle Leere

Nichts läuft vorbei hinein in etwas,
nur durch ein freies Nebenbei.
Effektlos scheint der Lauf der Ruhe,
doch dieses ist nicht zweifelsfrei.

Denn in der Ruhe liegen Kräfte,
die nur das Chaos nicht vereint;
was hält sie frei von der Zerstreuung?
Die Kraft, die Leere nicht verneint.

Zerfiele sie aus ihrem Halten,
verliefe nichts gespannt in Ruh,
die Kräfte wären nicht gespalten;
was leer war, schüttet Chaos zu.

Widerspenstig

Widerspenstig
entziehen sich Erfolge
dem Treiben ihrer Häscher;
übermütig
mutieren Raritäten
und werden immer frecher.

Zankgelage -
ermunternd ihre Feigheit,
die Suchenden zu necken -,
kochen Herzblut;
sie töten dessen Hoffnung,
um später sie zu wecken.

Kampfverbissen
verstirbt das lang Ersehnte
in resigniertem Lächeln;
losgerissen
entflieht das feige Wunder,
und mit ihm geht das Hecheln.

Erfolge, die gemeißelt sind,
machen den Erschöpften
für den Riss im Innern
blind.

Aus der Tür

Aus der Tür, erlebt sich doch die Stille gleich verschieden.
Mensch und Tier, domestizierter Wille findet Frieden.

Was uns schuf, es lädt uns ein, zu suchen unsern Meister,
mit dem Ruf, den immer noch verfluchen Kellergeister.

Lasst uns seh'n, welch kolossale Freiheit ward erschaffen
und versteh'n, warum sie uns zur Faulheit ließ erschlaffen.

Angepasst an das, was wir einst sahen, war das Streben,
sich der Last nicht allzu sehr zu nahen, um zu leben.

Aus dem Berg von Optimierungschancen, die wir hatten,
ist das Werk zu Profiliernuancen fehl geraten.

Weit entfernt von alten Lebensgängen, die wir kannten,
liegt entkernt ein enger Pfad aus Zwängen, die uns brannten.

Geh hinaus, noch immer sucht der Anfang alter Zeiten,
dein Zuhaus' im ursprünglichen Einklang zu bereiten.

Allgegenwärtige Träume

Im Schlafe ergründen die Füße die Sehnsucht
in nächtlichen Kämpfen um Wünsche und Wahrheit,
erreichen gelähmt kaum die Stätte der Zuflucht,
nur selten ein Schimmer erwachender Klarheit.

Geknüpfte Gedanken zu endlosen Fäden
sind manchmal gewidmet derselben Geschichte,
schon oft hat das Wälzen ein Ende erbeten,
das Drehen im Kreise macht Ruhe zunichte.

Verlässt uns die Nacht, ohne uns zu entlassen,
verbleibt eine Hälfte der Welt in den Mären,
die sich mit dem Geist des Verstandes befassen,
und unsere Realitäten verzehren.

Befreien die Träume den Kämpfer am Morgen,
verbleichen die Narren der Nacht in die Stunden,
die wieder für Angst und Verbotenheit sorgen
und nachts unsre fragende Seele erkunden.

* * *

Unverstand

Ungeahnt, nicht eingeplant, zu planen,
was längst fortgerannt.
Ungeseh'n im Nichtversteh'n kann die Zeit
allein vergeh'n.
Ungefragt ins All geragt, bis Betagtheit
uns nichts sagt.
Unerregt zur Ruh' gelegt - haben nichts
im All bewegt.

Ungeschriebenes Leben

Ein Schritt, ein Fall, ein neuer Plan,
das Pech der Unvergänglichkeit;
was eben war denkt nicht dran,
womit was jetzt ist liegt im Streit.

Nur eine Seite ist mein Sein,
das, was es will, zunächst ein Ziel,
die Welt, mein Partner, ist gemein,
sie gibt und nimmt zugleich sehr viel.

Ein Flackern unsres kleinen Lichts
wird oft als Strafe angeseh'n,
doch ohne dies ist Morgen nichts,
es wäre heute schon gescheh'n.

Des Lebens unentdecktes Land
verlöre seinen wahren Kern;
wenn unser Schicksal wär' bekannt:
Wozu ein Weg von Nah nach Fern?

Denn was uns wirklich tief bewegt,
ist die Erfahrung, nicht der Schluss,
den Spuren, die sie hat gelegt,
man folgen kann, nicht folgen muss.

Der kleine Tod

Erinnerung mit mir erwacht,
dass alles, was zuvor gescheh'n,
hat überdauert letzte Nacht,
doch seh' ich mich im Wiederseh'n?

Der Schlaf, so sagt man, sei ein Tod,
so zeitlos wie die Ewigkeit,
aus ihm zwar nicht Vernichtung droht,
doch sei man aus sich selbst befreit.

Wenn dem so wäre, frag ich mich,
warum kehr ich zu mir zurück?
Das Nichts macht immer reinen Tisch,
entlässt in Willkür neues Glück.

Doch etwas nicht die Nacht vergisst,
im Körper sitzt dasselbe Sein,
und dieses nie am Tag vermisst,
was nachts zuvor es ließ allein.

Ein Trugschluss? Ein Bewusstseinsstreich?
Oh nein, wir sind nicht wirklich frei,
der Schlaf macht nicht das Leben gleich,
es wacht etwas und bleibt uns treu.

Im Zauber dieses Funkens liegt
die stille Macht in jedem Schlaf;
erst wenn der Tod ihn hat besiegt,
aus Nichts sich Neues bilden darf.

*Nach dem Tod ist
vor dem Leben.*

Optimist - Pessimist

Die Lust am Durst in Wonne lebt,
wenn halbvoll noch ihr Becher ist,
der Frust gesättigt sich erhebt,
wenn Fülle eine Hälfte misst.

Die Strecke halb zurückgelegt,
ermuntert, auch den Rest zu geh'n,
die Schnecke fühlt sich nicht bewegt,
das gleiche zweimal durchzusteh'n.

Das Harren auf ein Ziel hin scheint,
sich selbst zu fressen mit der Zeit,
der Narren Ungeduld beweint:
Was jetzt nicht ist, wird nie bereit.

Nicht Sicherheit, nicht Zeit, nicht Ziel
verleiht dem Optimisten Kraft,
die Kleinigkeit im Lebensspiel -
der gute Mut Etappen schafft.

Verschmachtete Träume

Verschmachtete Träume bestimmen die Tage,
verlassen Fiktionen, durchdringen das Leben,
verdrängen Probleme, sind Herr jeder Lage,
Minute der Fülle scheint Zukunft zu geben.

Bizarre Gebilde aus lebenden Bildern
verlieren Strukturen im Wettlauf der Chancen,
die Zeit läuft davon, um die Schmerzen zu mildern,
Kontraste aus Zwängen verderben Nuancen.

Die Spitzen des Wahnes erstechen die Seele,
verblutende Offenheit für neue Wege,
es scheint, als ob Warten Bestrebungen quäle
und Hoffen auf Geister den Selbstbetrug hege.

Wacht auf, Illusionen, verderbt nicht die Träume,
entzieht eure Wurzeln dem fruchtbaren Boden,
verlasst die Gefilde der blühenden Bäume,
ihr werdet sie samt ihrer Früchte sonst roden.

Wenn ein Traum das Lächeln im Schlaf zur Träne am Morgen verspielt, ist es die Illusion, die Träumen die Wirklichkeit stiehlt.

Lebensuhr

Das Ziffernblatt der Lebensuhr
zählt Tage als Sekunden nur,
verharren Stunden im Moment,
den in Sekunden niemand kennt.

Erlebnis der Vergangenheit
in Zukunft nur ein Stück der Zeit,
gefüllt mit Taten oder leer,
es bleibt Erinnerung, nicht mehr.

Doch die ist zeitlos übers Jahr,
denn sie ist nicht mehr, was sie war,
sie reitet mit dem Zeiger fort
und pflückt Sekunden Ort für Ort.

Die Zeit vergeht zwar wie im Flug,
doch immerhin bleibt Zeit genug,
durch die Erinnerung zu seh'n,
dass etwas war, bevor wir geh'n.

Blüten des Lebens

Ich suchte nach Blüten des eigenen Lebens,
gewandert auf Böden von geistigen Auen,
ich fand sie, doch waren die Mühen vergebens,
verdorrt im Versäumnis, auf Schönheit zu bauen.

Verzagt fleht mein Blick nun nach Resten von Farben,
verzweifelt, die Hege von dürrem Gebrechen,
auf einmal der Schmerz längst verblichener Narben,
als wollte sich meine Vergangenheit rächen.

Ich gebe sie auf, denn je mehr ich sie dünge,
ist Gestern nicht gestern und Morgen nicht morgen,
dazwischen versucht ein Gedankengemenge,
mir Leugnen und Hoffen für heute zu borgen.

So schließ ich die Augen und träume mir Felder,
die Schönheit der Jugend vergeht dort zur Reife,
die Böden, sie bleiben, sie werden nur älter,
doch tragen sie Früchte, nach welchen ich greife.

*Das Leben ist wie ein
Kinderzimmer: selten
aufgeräumt; erzieht man sich,
die Dinge zu sortieren, wird
man die Lust, darin zu spielen,
nicht verlieren.*

Entbindung

Der Wind schwemmte Fetzen
lustvoller Lautmalerei
an mein Ohr.
Die Scherben
aus trümmernden Sätzen
zersprangen noch tausendfach,
eh' sich mein Sinn für sie
im Rauschen des Lebens verlor.

Das Licht scheuchte Farben
aus gleißenden Spiegeln
mir in den Blick.
Und als sie verdarben,
schickte ich ihnen
schwarz-weiße Unkenntlichkeit zurück.

Das Strahlen und Brausen
geht weiter,
doch will ich nicht,
dass jemals es schweigt
und mir die Angst vor
Entbindung aus Einsamkeit
zeigt.

> *Die Grenze zwischen Ruhe, die
> nicht Sehnsucht hat und einer
> Sehnsucht ohne Ruhe verläuft
> auf einem schmalen Grat.*

Magische Jahre

Hunderte von Jahren,
die sich alle ähnlich waren,
so sie übernahmen,
was die Vorgänger ersannen.

Niemand will bestreiten,
dass die Zeiten vorwärts reiten,
doch Magie aus Zahlen
kann wohl kaum das Schicksal malen.

Jede Null im Einer
sucht - gefunden hat's noch keiner -
Jahresunikate,
prägend nur für die Dekade.

Väter der Gedanken
sind oft Wünsche ohne Schranken;
Nullen brachten selten
Dinge, die als Wunder gelten.

*Hysterie nach dem Jahrzehnt
sich nach Sensationen sehnt,
die sich auch in hundert Jahren
gleichermaßen Neues sparen.*

* * *

Brückenbau

Willst du eine Brücke bauen,
schau, dass auch der Grund sie trägt,
ob du kannst dem Grund vertrauen,
zeigt ihr Holz, das er geprägt.

Treiben lassen

Lass dich treiben,
nichts verbleiben im Moment des tiefen Falls,
dich entführen aus den Wirren
eines letzten Kummerschwalls.

Fühl das Schweben, nicht das Leben,
reitet auf dem Sturz dahin,
sanft entgleitet, was sich weitet,
um dich aus dem Bann zu zieh'n.

Hört das Pochen auf, zu kochen,
ist der letzte Punkt erreicht,
sanftes Schlagen wird dich tragen,
dorthin, wo die Welt entweicht.

Male Träume ohne Zäune,
setze Wünsche in dein Land,
lasse Farben ohne Narben
weich zerfließen über'n Rand.

Lässt dein Lachen dich erwachen,
ist es recht mit dir gescheh'n,
wird dein Tauchen Zeit noch brauchen,
nutze sie, dich zu versteh'n.

Durchhalteparolen

Erfolg ist lange nicht in Sicht,
zum Scheitern reicht die Schwäche nicht,
ein steter Tropfen höhlt den Stein,
das Loch zu klein, um groß zu sein.

Etappensiege reiben wund
Etappen auf Etappenrund,
nach jedem Schritt ein neues Ziel,
ergibt im Kreis unendlich viel.

So ist die Zahl ein hoher Wert,
doch sie alleine nur verehrt
das Schuften für den hehren Zweck;
ergebnislos der Rechenweg.

Hurra, von Heiserkeit zermürbt,
im Spiel der Zahlen langsam stirbt.
Auf! In die nächste Runde geht's,
noch ist der Glaube ein Gesetz.

Wer raus fällt aus dem edlen Kreis,
weil er um dessen Wahnsinn weiß,
der wird verstoßen und verlacht
und mit Verschworenheit bedacht.

Zumeist wird nur der Wache schwach,
er gibt nicht auf, er denkt nur nach,
warum er einer Stimme glaubt,
die seine Zeit so lautstark raubt.

Nachbilder

Schließ die Lider, kannst du sehn,
wie Schatten ihrer Wege geh'n?
Lass der Augen-Blicke Zwang
den freien Lauf im Bildausklang.

Letztes Nachbild hält sie fest
im invertierten Umrissrest,
schwebt zerlaufend mit der Nacht,
ein Licht im Innern ist erwacht.

Dunkelheit zerfällt zu Schaum,
schattierte Wolken sind ein Baum,
Schleier flechten ein Gesicht,
das an der Phantasie zerbricht.

Wartend schaut der Sinn entblößt,
das Nichts an keine Grenzen stößt,
Farbe in der Schwärze liegt,
die ungeahnt ins Auge fliegt.

Fließend ist der Übergang
auf schmalem Grat zum Schlaf entlang,
Bild, das in die Tiefe fällt,
was nicht verglüht, am Schreck zerschellt.

Vorahnungen

Ein Gedanke, kaum vollbracht,
wird real in dem Moment,
der der Zukunft zugedacht,
die man eigentlich nicht kennt.

Ist's Magie, die darin steckt,
und das Denken Zauberei?
Alles, was die Welt bewegt,
setzt nur das Bewusstsein frei?

Oder ist es Logik nur,
blitzschnell und vorausgeahnt?
Rückverfolgt die Zukunftsspur,
gibt sie bald danach bekannt.

Steht das Schicksal jedoch fest,
ist ein Vorgriff auf den Akt
nichts, was sich verändern lässt,
da ihn selbst das Schicksal packt.

Doch bei aller Theorie,
weiß man's erst, nachdem's geschah,
wir erfahren aber nie,
ob die Ahnung Wissen war.

Ist die Ahnung weis gesagt,
kurz bevor etwas passiert, hat
sie nur zu seh'n gewagt, was
sich längst gebiert.

Übersatt und fehl ernährt

Eile dich, dein Leben rennt,
angstvoll, dass es dich erkennt,
läuft in ein Schlaraffenland,
Möglichkeiten ungeahnt.

Hol es ein, und zieh es fort,
lock es mit Verstandes Wort,
Früchtevielfalt nicht zu trau'n,
kann die Wahrheit kaum verdau'n.

Voll gefressen liegt es da,
träger, als zuvor es war,
unreif war so manche Frucht,
die sich einen Ausweg sucht.

Letzten Endes ein Gefühl,
dem man gern entrinnen will,
übersatt und doch so leer,
schlimmer, als Erkenntnis wär'.

Diese kommt vielleicht zu spät,
weil sie nicht zum Handeln rät,
da der rechte Hunger fehlt,
den ein freier Geist beseelt.

Poesieventil

Eines hat mich lang bewegt
seit frühen Jahren meines Seins,
sich auf Stimmungen gelegt
als Schwere eines Herzens Steins.

Starkes Sehnen aufgeflammt
im Widerstreit mit meiner Welt,
hab es allzu oft verdammt
und doch geliebt das, was mich quält.

Kaum zu fassen dieser Schmacht,
hab nie vermocht, ihn zu versteh'n,
alles, was ich mir gedacht,
ich ließ verzagt es wieder geh'n.

Hatte Vieles und auch nichts,
warum verzweifeln ohne Not,
keine Reflexion des Lichts,
ein Hunger, welcher braucht kein Brot.

Fand ein Kleinod auf Papier,
ein Samenkorn versprengter Lust,
ein Satz gesät, es wurde mehr,
war immer da, doch nie bewusst.

Glückssekunden

Wer erlebt in zweifelsfreier Harmonie ein Glücksgefühl,
spekuliert darauf, dass dieses lange Zeit nicht fliehen will.
Für Sekunden springt der Reisende vom Zug des Lebens ab;
was ihm widerfährt, es fährt davon ins ferne Zukunftsgrab.

Still, verlassen ist das Gleis und jener kennt nur den Moment.
Wissen, Wollen und sich Geben ist etwas, was vorwärts rennt.
Nichts zu spüren in der Wachheit, ist des Fühlens höchstes Gut.
Rein und ohne Zwang der Sinne, tiefes Sein, dem nichts was tut.

Lange bleibt er nicht alleine mit der Innigkeit zurück,
weiter geht die Reise immer; neuer Zug reißt mit das Glück.
Hält er seine Augen offen, stets bereit zu einem Sprung,
findet er sich bald schon wieder in der Glückserneuerung.

* * *

Nichtoffenbarung

Erzählt man Träume einer Wirklichkeit,
die nicht zum Träumen taugt,
verkommen sie zur Albernheit,
durch alte Wahrheit ausgelaugt.

Bewahrt jedoch ein Traum die Heimlichkeit,
die ihn am Leben hält,
so reift er weiter durch die Zeit,
vergreiste Tage sind gezählt.

Assoziationen

Verlässt die Phantasie den Raum,
wird Nüchternheit zum Gegenstand,
was scheinen kann, erleuchtet kaum,
ein reines Ding auf brachem Land.

Dann fehlt die Assoziation
von Bildern mit der Wirklichkeit,
wem nutzt die blanke Wahrheit schon,
sie ist nur da - zu nichts bereit.

Der Baum, das Haus, der Mensch, das Tier,
als Teil nur ein kausales Bild,
was zählt, entspringt im Jetzt und Hier,
nur auf das Nötige gezielt.

So nackt und rein das Wahre ist,
so arm und sinnlos fließt es fort,
die Zukunft nichts von heut' vermisst,
es bleibt allein der Dinge Ort.

Der Glückspilz, der noch Bilder sieht,
er kleidet seine Nackten ein,
und morgen wird das, was verschied,
nicht wahr, doch dafür menschlich sein.

*Dinge ohne Bilder sind des Lebens
Untergrund, erst was Augen malen,
machen diesen bunt.*

Einfalt

Zeit verraucht im Grübeln,
lässt zurück den Unbefleckten,
muss sich selbst verübeln,
dass Gedanken ihn nicht weckten.

Was sein Hirn umher trägt,
konnte niemals richtig reifen,
weil ein Grübler totschlägt,
was ein Denker möchte greifen.

Sinnlos Energien
durch die grauen Zellen scheuchen,
dürfen nicht entfliehen,
um die Einfalt zu enttäuschen.

Dies ist wohl das Leben,
denn das Schicksal ist geschrieben;
lass ich's mir nichts geben,
werde ich es auch nicht lieben.

* * *

Gesicht zu wahren

Ein Gesicht zu haben, ist nicht schwer,
weise Sicht zu wahren, jedoch sehr,
standhaft ist der Maulheld, der betrügt
seine Grundidee, die er besiegt.

Läuft sie aus dem Ruder durch den Wahn,
dass ein fremder Schmuck sie zieren kann,
tanzt der Irre um ein Rudiment,
streichelt sein Gesicht, das keiner kennt.

Angst, zurück zu bleiben

Kein Gedanke lässt sich fassen,
doch ich kann nicht unterlassen,
meinen Geist voranzutreiben,
habe Angst, zurück zu bleiben.

Jede Pause scheint zu zehren
und die Leere zu vermehren,
macht den Wahnsinn unerträglich,
Schaffenszwänge enden kläglich.

Doch es muss, es ist mein Wille,
möcht' erdulden nicht die Stille,
jedes Wagen, dran zu denken,
droht, mich aus mir selbst zu renken.

Der Erpressung ich erliege,
was nicht kommt, ich nicht besiege,
und das Liegen auf der Lauer
mach das Warten auch nicht schlauer.

An der Grenze zum Entsetzen
kann ich wählen, zu verletzen,
meinen Stolz vielleicht versehren
oder mich in mich entleeren.

Doch der Stolz wird nicht erkalten,
was ich schuf, das bleibt erhalten,
was ich bin, kann jedoch schwinden,
sollt' ich keine Ruhe finden.

Zu laut

Gewohnheit hat die Stille
an den Rand gezwängt,
wir kennen nur die Ruhe
von Geräusch durchtränkt.

Das Licht, es kann nicht schlafen -
wird vom Schein geweckt,
Verschließen unsrer Augen
nicht das Sein entdeckt.

Die Büchse der Pandora
macht die Nacht zum Tag,
verblendet unser Ego,
das den Geist nicht mag.

Beschlossen hat die Willenskraft
die Lust am Leid,
denn dieses trägt, genäht aus Spaß,
ein Todeskleid.

Der Außenseiter leidet zweifach,
wenn er sieht,
dass seine Kraft verwelkt, weil etwas
sie entzieht.

Zu müde, um zu tanzen und im
Licht zu steh'n,
zu wach, um seinem Traum vom
Schlafen nachzugeh'n.

Verlustangst

Das Lechzen Sicherheiten sucht,
wo Leere auf die Fülle harrt,
so lange in das Nichts geflucht
und Löcher in die Zeit gestarrt.

Gezogen in den Bann das Los
in seiner Einzigartigkeit,
in meinen Augen riesengroß,
wird nicht mehr aus dem Zwang befreit.

Verschrecken werde ich den Traum,
wenn ich die Wirklichkeit ihm schenk,
doch halte ich mein Weh im Zaum,
indem ich nicht an Morgen denk.

Die Ewigkeit verzaubert mich,
sie hält, was kommt und auch vergeht,
das Halten ist veränderlich,
was meine Angst niemals versteht.

Wann lerne ich, dass Freiheit schenkt,
was mein Vertrauen sich ersehnt,
und das Vertrautes mir verdenkt,
wenn sich mein Horizont nicht dehnt?

*Hältst du krampfhaft etwas fest, lässt
es mächtig dich nicht los, erst wenn
du es leben lässt, wird es wirklich
richtig groß.*

Gesagter Unrat

Tagtäglich versandet der Kehricht
verlorener Worte
am Rande
der Straße des Lebens.

Orkane aus stürmischen Stunden
verwirbeln Gesagtes
minütlich
zum Staub allen Strebens.

Die Schätze der Liebe im Abfall,
verschmäht und verworfen,
gerettet
von einzelnen Seelen.

Dazwischen verlorene Lügen,
gefundenes Fressen,
verschlungen,
um Günste zu stehlen.

Die Reste, verlautbarte Mühen,
beschweren die Zukunft,
Entscheidung
ein Zufall aus Sätzen.

Es kehre ein jeder das Seine,
den Weg zu befreien
von Unrat
aus unnützem Schwätzen.

Halbe Tage

Sonntag sitzt zu spät bei Tische,
im Genick der faule Schmus,
dass der Geist sich dann erfrische,
wenn der Körper ruhen muss.

Denn die Laune, zu verstreichen,
bis die Hälfte ist versäumt,
lässt die Lebenslüste weichen,
mittags man vom Abend träumt.

Auch das Eifern durch die Lüfte
nach Ideen im Gemüt
überbrückt dann selten Klüfte,
unter denen nichts geschieht.

Bleibt das Warten auf Entspannung
nach der ruhelosen Ruh';
wer lang liegt, riskiert Verbannung
seiner Kraft und schläft sie zu.

Forsche und Lahme

Eine Bitte an die Forschen,
die die Lahmen nicht verstehen,
mal in sich hineinzuhorchen,
warum sie nur Lahme sehen.

Eine Bitte an die Weisen,
die die Dummheit nicht verwinden,
könnt ihr still vielleicht euch preisen,
ohne Einfachheit zu schinden?

Eine Bitte an die Großen,
die auf Wackelstühlen stehen:
hat der Wind euch umgestoßen,
sich nicht nach dem Wind zu drehen.

Eine Bitte an das Edle,
lasst nicht Billigkeit euch preisen;
eine Bitte nur von unten,
uns nicht mit euch abzuspeisen.

Scherben der Eitelkeit

Zerfetzte Eitelkeit
verblutet in den Scherben
einstürzender Seelenfenster.

Nicht jene,
die den Schein nicht mehr ertrugen,
warfen Steine
in das Glashaus
des Verrückten.

Er selbst
hat sie hinausgeworfen,
die Klumpen falschen Goldes,
um den Eindruck zu beschweren,
der erleichternd ihn emporhob.

Vom Spiegelbild verblendet,
das im Glashaus seiner selbst
jenen Untergang voraussah,
lacht ein schmerzverzehrter Stolz.

Neue Lenker

Wer Vernichter macht zu Machern,
kann sich retten kaum vor Lachern,
dieses wird jedoch vergehen
jenen, die dem unterstehen.

Wehe uns vor solchen Meistern,
deren Wuchern stammt von Geistern,
die im Kleinen aufgeblasen
Größe bald vermissen lassen.

Doch bewundert ihren Eifer,
der nichts ist als Machtgegeifer,
wir vergöttern arme Schweine,
die uns messen am Geschleime.

*Unter neuem Management, Altes man
als neu verkennt, wenn die
Unterhöhlung glückt, ohne, dass der
Bau verrückt.*

Missgunst

Schweine, die in Missgunst suhlen,
werden selten fette Braten,
der Gestank aus ihren Pfuhlen
wird ihr Gammelfleisch verraten.

Ihre Schwarte anzubiedern
als das Edelste vom Stücke,
wird die Klasse nicht erwidern,
hat nicht nötig diese Krücke.

Nur die Schmeißfliegen verzichten,
wenn sie sich an Stallmist kleben,
nicht darauf, ihm beizupflichten;
arme Sau verkommt am Leben.

Wer jedoch darauf verzichtet,
weil er Künstlichkeit verachtet,
wird auch nicht zum Schmaus verpflichtet,
nicht mit diesem notgeschlachtet.

Ich sterb' immer gleich

Ich sterb' immer gleich,
wenn die Augen verschwimmen,
ich sterb' immer gleich,
bei 'nem Bruch von 'nem Zeh.
Ich leg mich dann hin,
um aufs Ende zu sinnen,
und liege ich flach,
tut der Sterbende weh.

Ich sterb' immer gleich
bei der Zahnarztkontrolle,
ich sterb' immer gleich,
wenn ich Kaugummi schluck,
dein Schmunzeln bestärkt
mich dann in meiner Rolle,
ich sterbe, und du
findest schön deinen Schmuck.

Ich sterb' immer gleich
an den Sorgen des Tages,
ich sterb' immer gleich,
was SIE scheinbar nicht kann.
Wenn du etwas weißt,
mir zu helfen, dann sag es:
„Da gibt es kein Mittel,
denn du bist ein Mann."

Überhitzung

Gestern noch erstarrte meines Blickes Ende dort,
wo schon heute Mittag schwimmt der Horizont hinfort.
Klare Fronten ließen Platz, den Bildern zu entgeh'n,
jetzt verstellen sie die Wege, alles klar zu seh'n.
Kühler Kopf erwärmte Winde, Atem brach hinein,
Wabern um die Schläfe wickelt Ferngedanken ein.
Fest entschloss'ne Schritte durch die kantig klare Luft,
angetrieb'ne Tritte waten durch geschmolz'nen Duft.
Menschen distinguiert, und wenn mal nicht, dann wirklich treu,
jetzt sind alle fröhlich, doch sie fühlen sich nicht frei.
Wünsch mir eine Blase, die mich durch die Hitze führt
und mich nur erwärmt, wenn jemand kühlend sie berührt.

* * *

Neue Welten

Vergeben liegt der Fleiß in vieler Dinge Herzen,
die Oberfläche weiß, die Gaffer nicht zu schmerzen.
Darunter brodelt lau Verkommenheit aus Wunder,
Errungenschaft war schlau, Gewohnheit nur ein Plunder.
Verjährt im Gras der Zeit, die Schnitte alten Blühens,
darüber wächst ein Kleid geerbten Fehlbemühens.
Einst farbenfroh, jetzt bunt, erstrahlt das Eingemachte,
selbst Eier werden rund, was Künstlichkeit vollbrachte.

> *Errungenschaft als Wert bewacht, als Norm gedacht, als Form verlacht, der Künstlichkeit zum guten Schluss das Dasein noch zum Vorwurf macht.*

Ein Buch

Ein Buch,
umstritten und geliebt,
umkämpft und auch gehasst,
es vielen alles gibt.

Ein Sinn,
gesucht im Logikstreit,
verworfen aus Vernunft,
im Glauben so befreit.

Ein Schmerz,
verursacht durch den Zwang,
dem keiner unterliegt
im freiheitlichen Drang.

Ein Los,
gezogen durch die Welt,
im Jammertal missbraucht,
als Geißelung entstellt.

Ein Wort
kann immer nur das sein,
was ihm am Herzen liegt,
im Ursprung bleibt es rein.

Ablenkung

Der Sturm lenkt mich stets ab vom Wind,
der Schleier vom Kristall des Lichts,
Geräusche von dem Lied im Kind,
bewegte Beine nachts vom Nichts.

Das Spiel lenkt mich vom Spielen ab,
die Worte davon, was ich seh',
der Frieden vom Soldatengrab,
die Welt sich selbst von meinem Weh.

Die Arbeit lenkt vom Kinde ab,
das Kind von der geliebten Frau,
der Abend davon, was man mag,
und von der Liebe das TV.

Die Welt in Ablenkung geführt,
sie bläht den Tag in Blasen fort,
ich hab so viele schon berührt,
sie platzten Löcher in ihr Wort.

Ablenkung ist ein Fleisch gewordenes Stück Geist.

Hier – Dort – Dahinter

Diesseits des Gleises erhofft sich das Warten
jenseits desselben den weltlichen Garten.

Züge verreisen und streifen die Sehnsucht,
drüben ist's anders als dort, wo sie hin flucht.

Harrend am Bahndamm die Wünsche ermatten,
Fenster zerreißen den Blick durch die Schatten.

Nehmen ihn mit, um ihn fallen zu lassen,
dort an der Biegung kann er sich neu fassen.

Schaut über Schienen, die Hände in Taschen,
kann nicht von hinnen, kehrt heim zu den Flaschen.

> *Wohin ausbrechen, wenn*
> *die Einsicht einbricht?*

Weltgesichter

Einst weit gelaufen,
bis zur Grenzenlosigkeit der Rundung;
den Fokus, ungespannt,
verfolgte nur Passivität der Nichterkundung.

Der Schweif verfloss sich
mit dem Fliehen unverwöhnter Augen;
der Wimpernschlag, beruhigt;
was kam, beschloss, was immer war, nicht aufzusaugen.

Gezogen einwärts,
prallt der Blick auf die gewohnte Weite;
schnellt zwangsgeschärft zurück,
sie ist nicht dort, stattdessen nur die andre Seite.

Den Schmerz erliebend
wird die Kraft, sich nicht zu sehnen, lichter;
reißt ab und zieht mich fort,
entlass mich selbst, zu sehen nicht der Welt Gesichter.

Geschichten

Geschichten

Seele der Idee

Frisch und auf Papier gebettet,
lebt ein Bild aus freiem Geist,
aus der Liebe zur Geschichte,
der die Schrift Gestalt verheißt.

Fließt hinein in Tintensehnsucht,
Herzblut Wort um Wort vergießt,
lebt durch Höhen und durch Tiefen
der Idee, die in ihr sprießt.

Findet Grenzen der Verzweiflung,
stößt hindurch, um zu vergeh'n,
findet sich darin geborgen,
ihren eignen Satz zu steh'n.

Kämpft sich tapfer durch Gefühle,
fühlt sich ein in kaltes Herz,
doch das Leid der eig'nen Seele
birgt nicht ihren wahren Schmerz:

Dies sind Räuber, die sie zwingen
mit Gesetz aus Konvention,
brechen Stilen die Genicke
mit dem Strang aus Textfunktion.

Logisch bleich und ausgeblutet
baumelt mundtot ein Klischee,
und das Herz, was sie zerrissen,
war einst Seele der Idee.

Menschenbruch

In nächtlicher Ruhe aus Wetter der Nacht
genieß ich die Stille, die Dunkelheit macht.
Getrocknet, das Prasseln auf Tagesasphalt,
die Steine sind kühl, denn der Regen war kalt.

Die Dunkelheit strahlt mir noch hell ins Gemüt,
ermüdet von dem, was erneut bald geschieht.
Noch gräbt nicht die Sonne die Wolken hervor,
in denen oft Wärme entmenschlicht erfror.

Kein Luftzug aus Stimmen verkühlt mein Gesicht,
kein Schatten aus Antlitz den Mondschein zerbricht,
doch bald wird sich wenden das Wetter erneut,
wenn Helligkeit Wermut auf Plätzen zerstreut.

Schon seh' ich die Boten im dämmernden Tag,
vereinzelte Tropfen aus hämmerndem Schlag,
bedeckt, anonym sich am Morgen vergießt
ein Menschenbruch, der sich zu Meeren zerfließt.

*Wie das Wetter die Erde befeuchtet
oder verbrennt, ist auch der Mensch,
der sie erleuchtet oder verkennt.*

Verschallt

Gleite durch den Wind, mein kleiner Flieger aus Papier.
Such nicht nach den Großen, denn du findest sie nicht hier.
Spürst du diese Ruhe, nur die Freiheit deiner Luft?
Nichts, was durch die Stille nach Geschäftigkeiten ruft.

Gleite unterm Blau, was keine Risse länger hat,
tanze über Feldern als Symbol aus einem Blatt,
welches den Kontrast zu einer Abhängigkeit zeigt,
die zu Ignoranten aus Naturgewalten schweigt.

Ehedem warst du, mein Flieger, nur ein Spiel im Wind,
bis aus dir die Träume in den Schaum entwachsen sind.
Schauen aus Gewichtung ihrer technisierten Kraft
gönnerhaft aufs Fußvolk, das in laute Himmel gafft.

Dreh noch eine Runde, du mein nutzlos, kleines Ding,
und genieß die Luft, so wie sie früher einst verging.
Morgen schon vergisst man dich, von Kinderhand bemalt,
weil der Himmel dann die Nostalgie erneut verschallt.

> *Wenn Natur die Lüfte neckt, dreht
> sich nichts um unsere Welt, werden
> sie dann neu entdeckt, Flugzeug aus
> Papier zerschellt.*

Kellerleute

Kellermann und Kellerfrau
lieben hassend Kellerleben,
warten auf ein Kellerkind,
kann den beiden Freude geben.

Kellerkind wächst auf in Ruh',
kein Desaster keine Krankheit,
Kellerleute tief bestürzt,
als das Kind den Keller anschreit.

Einmal lacht das Kellerkind,
Lächeln stirbt in Kellerwänden;
eine Rose, die es fand,
roch nach Dornen in den Händen.

Kellerfrage kaum getraut,
Kellerantwort längst gegeben:
Warum riecht das Schlechte gut?
Gutes wird nicht lange leben!

Kellerlogik hat gelernt:
Wenn Gestank nur überdauert,
schneide ich die Dornen ab.
Kellerkind sich bald entmauert.

Verfressen

Benehmen wird zum Frust,
sich an der Süße zu vergeh'n,
die Zartheit dieses Stücks
gibt mir den Kuchen zu versteh'n.

Verkosten mit Genuss,
ein Wermutstropfen, der mich zankt,
und Contenance ein Muss,
das mir gefasst entgegenprangt.

Unendlich lang gezehrt
an einem Nichts aus Cremegebäck,
der Blick ist längst verklärt,
der kleine Finger spreizt sich weg.

Ich halt mich noch zurück,
um Argusaugen zu verzier'n,
die sich in meinem Stück
und dann an meinem Mund verlier'n.

Die Hälfte ist noch da,
es lohnt sich kaum, sie anzuschau'n,
es wäre ein Eklat,
sie kurz und deftig zu verdau'n.

Doch bin ich nur ein Gast,
den man schon morgen nicht mehr kennt,
drum ein Entschluss gefasst:
… auch wenn man mich ‚verfressen' nennt.

Der Spieler

Ein Spieler sitzt am Straßenrand,
sein Spielplatz ist längst ausgebrannt,
ihn schickte Unbeschwertheit fort,
sie liegt allein in Trümmern dort.

‚Willkommen' hieß, ‚zusammen geh'n',
das Spiel als Freiheit zu versteh'n,
die Narretei nicht finden muss
bei spielerischem Hochgenuss.

Das Zugeständnis war verliebt,
doch Zweckentfremdung nie vergibt,
wer Spieler als ein Spielzeug nutzt,
der schnell das Feld des Spiels beschmutzt.

Entzündet sich der Dreck im Hohn,
wer glaubt dann seiner Asche schon,
der Feuerteufel sieht sein Licht
gestört durch Rußes Angesicht.

Als Opfer in der Flammennot
sieht er die Existenz bedroht,
nur weichen möcht' er selber kaum,
er nutzt des Feuers Lebensraum.

Doch wahrer Stolz nicht klein verbrennt,
Flashover sich nicht selbst mehr kennt,
er schießt den Schädling aus der Tür,
da sitzt er nun - kann nichts dafür.

*Oft verkennt ein Nehmer sich
als Geber mit Gefühl; zeigt
man ihm, was er nicht hat, er's
wieder haben will.*

Maulhelden

Aus der Blume seines Kruges
übern Rand der Maulheld schaut,
rot versoffen schießen Augen
hinterm Horizont ins Kraut.

Schluck um Schluck versinkt er wieder,
doch sein Blick weicht nicht zurück,
auf zum Wohle und dann nieder,
in der Optik bald ein Knick.

Seine Worte werden leerer,
die Visage rund und voll,
glänzt im Schweiße der Borniertheit,
nur der Schaum weiß, was das soll.

Übel riechend treffen Worte
Nasen öfter als das Ohr,
wie ein Bild aus hohlem Spiegel
schießt sein Plädoyer hervor.

Wälzt sich später aus der Szene,
die er kaum noch halten kann,
stirbt in heldenhafter Lache
bis zum Morgen in der Bahn.

Schicksalsmohn

Im Mohnlicht des Feldes die Lippen versinken,
mit billigem Charme der Verführung getarnt,
am Abend spült Regen das Grauen zu Tage,
das Spiel mit dem Feuer hat oft schon gewarnt.

Es strömen die Bäche vergessener Feste,
erkalten den letzten pulsierenden Strom,
ein Ruf noch im Zucken des einsamen Herzens,
dann stirbt auch der Atem im bettenden Mohn.

Das neigende Blattwerk verbleibender Röte
mit glasklaren Tränen die Lache ertränkt,
zur Nacht wird die Schwärze die Ehre erbieten,
die schlafenden Blüten die Ewigkeit schenkt.

Vergangen das Schicksal, verlassen der Boden,
ein Herz schlägt davor seine Rache ins Feld,
noch ehe die Schönheit Gedenken erneuert,
den grauen Morast frische Röte erhellt.

Letzte Zuflucht

Alle Dinge, die du sagst,
fallen in mein tiefes Loch,
schütten mich mit Worten zu,
warte dort auf Sätze noch.

Mach den Leierkasten aus,
stell das Tonband auf halb acht,
und bis dahin lasse mir
meine wohlverdiente Nacht.

Haben Silben sich gesetzt,
ist verklungen meine Not,
schau ich auf zum Abgrundrand,
lächelnd winkt das Abendrot.

Steig hinauf, um dies zu seh'n,
bin ich wirklich nun allein,
spreche Worte aus dem Loch,
schluck sie runter mit viel Wein.

Bis das Morgengrauen kommt,
hat mich mein Verlies zurück,
hab noch lange nicht verdaut,
was erneut fällt Stück für Stück.

Eines Morgens sucht dein Ton
mich vergeblich im Morast,
weil du meine Zuflucht dann
gänzlich zugeschüttet hast.

Das letzte Herz

Ein Mannweib wettert in der Küche,
zetert wild mit Keiferei;
ein Kind erspürt im Herzen Flüche -
steh' vorm Haus und schau vorbei.

Gesagt ist alles, was es sollte;
weiter trümmern Schlag für Schlag
und ein Gefühl, das überrollte
immer schon die Lust am Tag.

Das Wimmern hinterm Blumenfenster
strömt hinaus zum Unverstand;
verwaist verwöhnte Spielgespenster
straft die gönnerhafte Hand.

Ich steh nur rum und halt in Händen
eine Liebe, die ich hab;
ging ich hinein, das Blatt zu wenden,
nähmen Worte sie mir ab.

Hab tausendfach den Schwur geschworen,
zu entreißen meine Lieb',
doch weich stattdessen, ungeschoren,
satt im Hintergrund ich blieb.

Und Trauer läuft mir aus den Augen,
die dort drinnen Fluten weint;
kann die Verzweiflung wirklich taugen,
Hass zu trennen, der vereint?

Die Stille nimmt den Mut zusammen,
fasse mir das letzte Herz,
ich reiß das Kind aus Weibes Flammen -
ein erlösend letzter Schmerz.

Lebensreste

Greisend kauern Lebensreste
tief in Polstern der Vergessenheit;
selten eine Ablenkgeste
aus der starren Blickversessenheit.

Niemand sucht die kalten Hände,
deren Gichtverzagtheit nichts verlangt;
Fragen an sterile Wände
fürchten nicht, worum ihr Warten bangt.

Einen Glauben hat verloren,
die entrückt ist einer heilen Welt;
tiefster Wunsch bleibt ungeboren,
dass ihr jemand eine Hand nur hält.

So verdämmert sie die Tage,
doch ihr Freund, ein Traum, erscheint zur Nacht,
morgens keine Zeit zur Frage:
Was hat diesen Menschen ausgemacht?

Gestern, Heute oder Morgen
suchen Antwort nicht in ihrem Sinn;
austauschbar, Routinesorgen;
geht sie, wird ihr Traum nur mit ihr zieh'n.

Emotionale Heuschrecken

Emotionale Verfressenheit
zieht über Felder der Menschlichkeit,
heuschreckengleich zerrt der Plagegeist
an den Gefühlen, die er verspeist.

Liebt alles Neue und gibt klein bei,
setzt so der anderen Eintracht frei,
wenn sich das Eigenlob satt erhebt,
Gleichheit durch Spannung der Sucht erbebt.

Sind die Gefühle erst ausgelaugt,
fühlen sich Fühlende ausgeraubt,
geben ihr Letztes schon lang nicht mehr,
Worte zu finden, fällt Fresssucht schwer.

Fälschlich verkannt und als Freund missbraucht,
hungriger Jäger in Blut getaucht,
wenn nicht ein Günstling mehr zu ihm hält,
flieht er, zu finden ein neues Feld.

*Wer Liebe sucht und Liebes
streut, wird nicht von
Liebessucht befreit.*

Späte Jugend

Albern verführt Schopfes Kessheit die Falten,
sich eine unreife Miene zu halten,
badet in Mengen belustigter Blicke:
jemand den Mann zum Friseur einmal schicke.

Schrill-bunter Rucksack auf pflichtgrauen Streifen
hindert nicht Knochen, sich doch zu versteifen,
Sprung auf das Fahrrad mit sportlichem Lenker,
fühlt sich galant und verschweigt einen Schlenker.

Coole Gefühle beim Eintritt ins Leben
bleiben am Lächeln zu Jungfrauen kleben,
bleckende Zähne verzerr'n sich im Schwitzen,
wenn junge Spunde vorbei an ihm flitzen.

Siegender Blick, um den Tag zu belügen,
fällt in Kollegen im Laufschritt auf Stiegen,
dort im Büro, wo ihn keiner mehr findet,
zeigt ihm ein Seufzer, dass ihn etwas schindet.

Jeden Tag pünktlich sich Hoffnung verschüttet,
wenn er dort sitzt, das Toupet leicht zerrüttet,
weiß um den Abend, wenn schleichend es dämmert,
dass ihn zu Hause ein Drache belämmert.

Lügende Kerzen

Schrilles Hurra aus der eisernen Festung
nährt seinen Schrei von den Lichtern auf Zinnen,
füllen Erleuchtung der inneren Mästung,
breiten sich aus in den Lebensruinen.

Vor ihren Mauern erwartet sie keiner,
Feuer verschluckt die vereinsamten Flammen,
Winde der Wahrheit, sie werden gemeiner,
Rauch fällt zurück in belustigte Dramen.

Hektisch, aus Angst vor verdunkelten Schmerzen,
wühlen Ideen in suchendem Weinen,
Seltenheitswert haben lügende Kerzen,
die in der Galgenfrist kürzer erscheinen.

Sind auf den Zinnen die letzten erloschen,
frisst das Inferno den Funken des Lebens,
Klingen von einsam gefallenen Groschen
stört nicht das Fauchen im Lodern des Strebens.

*Ein Licht, das nur nach innen
scheint, wird kaum vom
Äußeren umweint, und wenn
die letzte Flamme geht, die
Welt sich weiter brennend
dreht.*

Am Laternenmast

Am Laternenmast schnattert beflügelter Schöngeist
vergangene Sorgen zu eifernden Höhen;
erschrickt das Gefieder von thronenden Zeugen,
wenn parkendes Hupen sich freut, wen zu sehen.
Dort stützen sich, Kräfte erhoffend,
die Hände vereinsamter Lastenverzehrer.
Im Stelldichein mit einem Leidensgefährten
stöhnt flüchtiges Lächeln die Lasten noch schwerer.

Am Laternenmast kleben die Mühen der Kleinen,
zu stehlen den Blick von Flanier-Ignoranten;
Verlegenheit malt darauf Herzen mit Fingern,
ob Mut eines Kusses verführt den Bekannten.
Dort balgen sich spielende Kinder
und ritzen die Freundschaft in Holz oder Eisen;
verweilt eine Seele im Atmen der Sonne,
um dankend für Punkte des Glücks sie zu preisen.

Am Laternenmast suchen die leeren Minuten,
Ideen im Rauch durch den Regen zu sichten,
und Streuner, die niemand im Warmen erwartet,
erwartungsgemäß ihre Notdurft verrichten.
Dort werden Geschichten des Abschieds
in traurige Augen der Liebe geschrieben;
sich selber umarmende Wächter der Straße
in kauernder Kälte zum Abschaum getrieben.

Am Laternenmast leuchtet der Abend dem Tage
die Wege in Winde vergangener Stunden,
ein Denkmal im Fluss des zerreißenden Schicksals
fängt ein die Momente der Hoffnung und Wunden.

Euphorie

Krustig verharren die Kerben des Lebens,
lustig bewahren sie Scherben des Strebens,
jubelnde Freude verstimmt ihre Trauer,
sprudelnde Meute erklimmt eine Mauer.

Tobendes Raunen im geifernden Klettern,
lobendes Staunen aus eiferndem Wettern,
fassend das Glück der erklommenen Zinnen,
Rasen im Blick der benommenen Stimmen.

Schrille verstummen auf brüchigen Zielen,
Spiele vermummen den flüchtigen Willen,
hoch überm Leben da lauert das Harren,
noch überlegen dem kauernden Starren.

Gähnende Leere in fehlender Weite,
lähmend die Schwere auf schwelender Seite,
Prahlen verliert die vermessenen Mächte,
Fallen entführt in vergessene Schächte.

Dorniger Charme der Verzagtheit entartet,
zorniger Harm in Betagtheit erwartet,
Kehren von Scherben in Nischen der Zeiten,
Mären verderben im Kriechen der Leiden.

Im Einst verblieben

Staubgewand verzehrter Stunden
rührt sich längst nicht mehr, zu zeigen,
dass die Trägheit überwunden,
um zu tanzen einen Reigen.

Liegt beschwerend auf dem Alter
ausrangierter Zeitroutinen,
letzter Zeuge ist ein Falter
als Gespinst auf Stoffgardinen.

Urgeruch aus frühen Tagen
ist gereift in matten Schichten,
einst bewegt durch Lebensfragen,
deren Antwort sie verrichten.

Zeitenwenden ließen offen,
was verbleibt und was sich windet,
alles blieb, doch war betroffen,
dass sich nichts im Staub befindet.

Nur das Licht dreht seine Kreise,
- zieht sich schweigend aus Affären -,
nimmt nur die mit auf die Reise,
die mit Staub nicht Zeit beschweren.

> *Die Zeit ist schneller um, als*
> *sie vergeht; denkt man erst*
> *hinterher daran, ist es zu spät.*

Militanter Frühling

Fliegende Fetzen versterben
in strömenden Bächen und sickernden Lachen,
splitternde, gliedrige Scherben -
im Metzeln des Wütens sie hilflos zerbrachen.

Eisige Berge verschmelzen
auf lehmigen Leibern zu schwammigen Massen,
Wunden ergießen ein Wälzen
in klaffende Risse und schwimmende Straßen.

Kriegerisch geben sich Kräfte,
dem Zorn ihres Wartens die Tore zu weiten,
Wahnrausch vergossener Säfte
wird Frieden in Lieder des Frühlings geleiten.

Lohn der Geduld

Viel zu lang geglaubt,
dass das Vertrauen sich noch lohnt,
viel zu lang gelebt,
wo nur das Warten hat gewohnt:

Anspruch auf Besitz
durch hohle Ich-Diplomatie,
Pochen auf ein Recht,
wo wahre Liebe nie gedieh.
Prahlen mit dem Wert,
den niemand anders sonst erbringt,
Schlagen mit dem Wort,
das andre Worte niederringt.
Horchen auf den Wind
ist in der Einfalt unerhört,
Hören auf sich selbst
den andern selten noch verführt.
Warten auf den Tag,
an welchem einer dich versteht,
Harren in die Nacht,
in welcher dieser leise geht.

Lebensgefahr

Sterben könnt ich, wenn ich lebte,
überall Gefahren lauern,
nicht, dass ich nach gar nichts strebte,
sicher ist's nur hinter Mauern.

Würde nie mein Heim verlassen,
Herzattacken könnten töten,
seit mich solche Sätze hassen,
ist mir Frischluft nicht von Nöten.

Könnte diesem Raum entfleuchen,
nur um Kuchen mir zu holen,
doch im Zucker liegen Seuchen,
die das Leben kürzen sollen.

Nein, ich sitze hier und schaue,
hoffe, dass die Stunden gleiten,
eine Kerbe ich mich traue,
täglich in die Zeit zu schneiden.

Besser noch, das Bett zu hüten,
um zu warten auf die Tage,
die mehr Sicherheiten bieten -
Warten auf die letzte Trage.

Nichts zu sagen

Im Kamin vereinzelt Flammen,
letzter Rauch verlässt den Docht,
eben noch allein zusammen,
knisternd schwimmt der Abend fort.

Muff von Holz betagter Möbel,
aus den Polstern steigt der Staub,
und der abendliche Knebel
hält den Raum seit Stunden taub.

Gestern noch erfüllt mit Leben,
Spannung und Erzählerei,
Scherze, die aus Sesseln heben,
sind mit einem Mal vorbei.

Wenn ein Schicksalsschlag vernichtet
und die Harmonie zerbricht,
ist der Geist nicht mehr verpflichtet,
wird die Maske zum Gesicht.

Doch ein Trost zur späten Stunde,
dass das Leben weiter tickt,
morgen macht ein Mann die Runde,
der den Fernsehkasten flickt.

Stubenhocker

Luft, geschwängert von Gedanken,
durchdrungen nur vom Tand der Zeit,
wabert heimisch zwischen Schranken,
ein Weltbild froher Einsamkeit.

Licht ergießt sich durch die Fenster,
es lädt zu Reflexionen ein,
doch das Bild der Weltgespenster
kann kaum ein Hirngespinst befrei'n.

Still versammeln sich die Klone
verlebter Tage um den Geist,
glaubt, dass niemand darin wohne,
denn er allein hat sie durchreist.

Nur ein Anstoß öffnet Türen,
ein Luftzug durch den Wind der Welt,
Licht allein kann nicht entführen,
Gelecktes Blut ist das, was zählt.

Mancher ist so ausgebrochen,
zu fremd kam ihm der Frieden vor,
oft jedoch zurück gekrochen,
weil er sich aus dem Blick verlor.

Eine Ware ist die Liebe

Eine Ware ist die Liebe,
glaubt man der Beliebigkeit,
noch zu haben - schon vergeben,
wer befreit ist, ist bereit.

Wieder frei und unverbindlich
bandelt links und rechts ein Weib,
oder dieses in der Mitte,
beiderseits mit Zeitbeleib.

Eheschluss verläuft oft lieblich,
Schluss der Ehe meist mit Zank,
und dazwischen wacht verdrießlich
einer auf der Wartebank.

Und Partien müssen zahlen
für die Unbezahlbarkeit,
mit dem Gut lässt sich schlecht prahlen,
mit der Ware jeder Zeit.

Begnadete Gäste

Im Plätschern des Kaffees
verliert sich das artige Turteln
begnadeter Gäste.
Die klingenden Löffel
in Tassen als Spiel alter Glocken
verlogener Reste.

Das kreisende Grinsen
verwehrt sich, gegabelten Kuchen
nicht lang zu bestaunen.
Und höfliche Gaben
verquerender Arme bei Tische
vermeiden ein Raunen.

Verplaudertes Schmausen
verklemmt sich die Worte im Nippen
an zähmender Hitze;
verknüpft die Gedanken
zu Stoffen aus Konversationen
mit geistloser Spitze.

Auf Tellern des Rückzugs
verschwören sich Krümel mit Blicken
der eigenen Wahrheit.
Im Stolze erhoben,
verleitet der süßliche Nachschlag
zum Pudern der Klarheit.

Am Ende der Phrasen
verbleiben verstimmte Geschmäcker
gemütlicher Düfte.
Die Freude beim Abschied
aufs Wiederseh'n schlägt auf den Magen,
der Rest auf die Hüfte.

Geknebelt

Durch den Flaum des Nebels dringen Lichter
und im Zaum dahinter fahl Gesichter,
Masken, die der Morgen in den Tag schickt,
Aversie im Spiegel, der sie anblickt.

Spüren nicht, was sie zu wissen glauben,
denn die Pflicht wird ihr Gefühl entrauben,
laute Stunden werfen stille Schatten,
deren Runden ihnen nichts verraten.

Nur der Abend ist ein Grund für Morgen,
gibt sich fragend nach verbrachten Sorgen,
eine Antwort sich jedoch nicht findet,
weil die Müdigkeit sie überwindet.

So erweist sich wieder das Erwachen
als ein meist auf sich bedachtes Machen,
und die Nebel wabern friedlich weiter,
sind ein Knebel und kein Wegbereiter.

> *Nebel, die den Alltag geben,*
> *sind Gesichter, die nicht leben.*

Gestrandet

Der Ruf der Möwe spielt ein Trauerlied,
ein stiller Tod, der in Gefolgschaft zieht,
ihr stummer Schrei verendet schwer im Sand,
die Qual verliert den Lebenskampf an Land.

Der Wind, ein Feind, verdampft das letzte Tuch,
und ihr Gesicht ist müde von dem Fluch,
es scheint, als ob sie die Bemühung seh'n,
verzweifelt dem Gewicht zu widersteh'n.

Ein letzter Schlag der Flosse rührt im Schlick,
der Atem schwach, er sucht den Weg zurück,
das Blanke seiner Meeresherrlichkeit
ein Ungetüm des toten Fleischs befreit.

Der Schrei der Möwe zieht zurück aufs Meer,
die unbeschwerte Tiefe, fast schon leer,
Geschichten, die an Land man sich erzählt,
sind Märchen, wenn der letzte Wal sich quält.

Verendende Tage

Im Grauen des Morgens erheben sich Brücken,
aus Nebeln des Sorgens das Leben auf Krücken.
In Blasen der Nacht unter Pfeilern gekauert,
die Zeit nicht verbracht nur im Suff eingemauert.

Versunkener Schleier erwacht trüb zum Leben,
entkam dem Befreier, ein Toter daneben,
kein Blick der Entgleisung auf brustkalte Taschen,
des Atems Vereisung sucht Glück zu erhaschen.

Es bricht sich die Sonne den Weg durch den Schatten,
doch wird ihre Wonne an ihn nicht verraten,
erhebt sich hinweg, um der Schönheit zu schmeicheln,
darunter wird Dreck einen Überrest streicheln.

Der Tag wird verenden, wie alle Gedanken
betäubt durch die Spenden zur Dämmerung wanken,
in heimischer Gruft leben gastfreundlich Ratten,
vielleicht wird ihr Duft ihn zum Morgen bestatten.

> *Im Obdach unter Brücken*
> *hungert Leben, um Menschen*
> *zu verzehr'n, die sich ergeben.*

Einkaufswagen

Lautes Rattern, leerer Wagen,
punktgenaue Zielanpeilung,
Knurren schiebt ein schwerer Magen,
Blick fällt durch die Drahteinteilung.

Lange Planung, kurze Liste,
Gleichung, die im Kampf entstanden,
was nicht geht, man nie vermisste,
was man braucht, ist nicht vorhanden.

Rechnend rasen Augenringe
über Vielfalt bunter Zwänge,
ob ein Meisterstück gelinge,
Feilschen mit dem Centgemenge.

Übersicht in kleinen Teilen,
Blick zum Wagen und zur Kasse,
noch vorbei am Luxus eilen,
Ungewissheit, die ich hasse.

Jede Registrierungseinheit
macht den Herzschlag etwas schneller,
schenkt mir meine kleine Freiheit,
stimmt's auf Pfennig und auf Heller.

Schlachtende Säue

Fieber ereifert sich kalt durch verlassene Straßen,
feuert den Tiegel an, um zu verschmelzen die Massen,
kochende Wut schweißt Gefühle der Menge zusammen,
einsame Seelen erfreu'n sich am großen Verdammen.

Möchtegernhelden aus Häusern mit schweren Gardinen
wollen mit Trümpfen die Heimhoheit wiedergewinnen,
alle gemeinsam, verspielt jeder eigene Karten,
wissen um Siege auch ohne auf Nachbarn zu warten.

Schlagende Stimmen sich bald aus dem Raunen erheben,
Runde um Runde dem sonst leeren Stammtisch ergeben,
und ist das letzte Glas auf die Empörung erhoben,
werden die schlachtenden Säue auf Lynchfesten toben.

Spekulationen aus Trümpfen, die alle verlieren,
wenn harte Fakten die Schmierkomödianten brüskieren,
kennen sich nicht mehr und schließen die Türen in Mauern,
wo sie verharren und heimisch auf Heimlichkeit lauern.

Stimmen

Stimmen zehren an der Ruhe,
die mein Schweigen sich ersehnt,
glauben, dass es wohl mir tue,
wenn es ihr Gezeter kennt.

Stimmen reißen unsensibel
klaffend Löcher in den Tag,
füll ich sie mit leeren Phrasen,
Rest der Stille sterben mag.

Stimmen, die sich überschlagen,
weisen mir den Weg ins Ziel,
wissen, ohne mich zu fragen,
welchen Pfad ich gehen will.

Stimmen fallen ineinander,
brechen sich im Wellenberg,
werden dadurch nicht bekannter,
ruinieren nur ihr Werk.

Stimmen, die ganz plötzlich schweigen,
könnten meine Rettung sein,
sollten sie sich tonlos zeigen,
fall dem Wahnsinn ich anheim.

Der Hamburger

Da liegt er, ist zum Kampf bereit,
gewinnen werd' ich sowieso,
doch ohne Widerwärtigkeit
macht er mich sicherlich nicht froh.
Gewappnet, ich mit einem Tuch,
und er mit seiner Innerei,
die ich ja zu gewinnen such',
er gibt sie sicherlich schnell frei.

Liegt in der Hand mit viel Gefühl,
ein Druck zu früh, und ich verlier';
und konzentriert, mit Blick im Ziel,
den Mund zum ersten Schlag ich führ'.
Etappensieg mit viel Geschmack,
ein riesen Loch in weicher Wund';
er sich noch nicht ergeben mag,
tropft Gurkensaft aus Seitenrund.

Des zweiten Happens Unvorsicht,
aus blutgeleckter Gier gespeist,
verhindert seinen Rückschlag nicht,
ein Käsestück mit Fleisch entgleist.
Als ob er wüsste, dass das zieht,
wird's nun ein Wettlauf mit der Zeit,
erdrückt mir schon entgegenfliegt,
was sich ganz ohne Biss befreit.

Ich fang es ab, geschlürft, geschmatzt,
verliere die Kontrolle jetzt,
sein Hinterteil im Schwall zerplatzt,
und dreist sich auf den Schoß mir setzt.
Gehetzt, verärgert stopfe ich
die Reste seines Laibs hinein,
gewonnen hab ich sicherlich,
doch meine Weste blieb nicht rein.

Abgestoßen

Du hast mich so vermisst, sagst du,
warum lässt du mich nicht in Ruh?
Ich hörte deinen Namen nur,
solang verwischte ich die Spur.

Du wärst so gern ein Teil von mir,
das, was du warst, das schenk ich dir,
und was du bist, gehört mir nicht,
so quäl nicht länger mein Gesicht.

Begreife, es ist viel zu spät,
zu ernten, was durch Hass gesät,
mein Leben liegt seit dem nur brach,
als niemand neuen Mut versprach.

Aus purer Hemmung Frucht entleibt,
die, da du hier bist, Blüten treibt,
doch nicht auf meiner Seele Grund,
dein Streicheln frisst ein schwarzer Schlund.

Hinab ins Tal

Die Bahn so glatt und tief das Tal,
der Blick zur Freundin eine Qual,
Beziehungsstreit das Herz erlebt,
die Urlaubsillusion erbebt.

Wenn du jetzt gehst, dann bleibe fort,
getrennt verlassen wir den Ort,
ich schau die Piste weit hinab,
ein Windstoß nimmt mir Fragen ab.

Geführt vom Gleiten meiner Ski
denk ich die ganze Zeit an sie.
Warum, wenn doch das Schicksal spricht?
Denn ein Zurück, das gibt es nicht.

Das Leben fegt an mir vorbei,
der Wind zerfetzt das Spaßgeschrei,
ich ruhe rasend tief in mir,
mein Selbstgespräch gilt einzig ihr.

So endlos und nicht abzuseh'n
scheint diese Abfahrt fortzugeh'n.
Wo endet sie, wo ende ich?
Der Einlauf endet jämmerlich.

Im Aufprall finde ich zurück,
begrüßt von einem Schreck im Blick,
das Schicksal fuhr mit mir ins Tal
und fragt: Versuchen wir's noch mal?

Eisige Klingen

Eisige Klingen zersäbeln die Luft,
schneiden die Nebel aus glasklarem Duft,
frierendes Serum aus Herzblut der Nacht
hat neue Tage ums Leben gebracht.

Letztes Gewand alten Jahres, ein Fluch,
klirrender Tod splittert Nacktheit ins Tuch,
Stolz eines Sternes mit schwachem Gesicht
blendet den Kopfschmerz im gleißenden Licht.

Stockender Puls nach dem frostigen Kuss,
alles was floss ist erstarrt im Erguss,
Atem, gefrierend zu glasigem Blick,
Träne entführt mich ins Leben zurück.

* * *

Muster

Was der Winter nicht erfriert,
lässt ihn schmelzen.

Im Takt derselben Sätze
schlägt der Rhythmus unsrer Tage,
und dennoch stets in Hetze,
die Gewohnheit prägt die Lage.

Routinen brauchen länger,
denn mit jedem neuen Muster
wird unser Spielplan enger
und die Züge unbewusster.

Erwachen bringt das Ende
eines Geisterns durch das Leben,
gebunden sind die Hände
und den Zwängen ganz ergeben.

Wo die Zeit wohnt

Die Zeit setzt sich in Städten fest,
sie wächst dort auf und bald hinaus,
am langen Arm, der warten lässt:
das Dorf, die Gasse und das Haus.

Die Großstadt wirft die Häute ab,
verjüngt sich immer wieder neu,
dem Abfall, den sie Dörfern gab,
bleibt auch das letzte Haus lang treu.

Dort hinkt die Jugend hinterher
und kommt dem Wandel selten nach;
woanders zehren Wechsel sehr
und machen ewig Junge schwach.

Ein Kind, ein Mann, ein steter Greis,
ein Augenzwinkern für die Stadt;
was er erlebte, sie nur weiß,
zum Leben sie die Zeit nicht hat.

Er schaut zum Sonnenuntergang,
und Schatten schlagen durch den Ort
ruinenschwarz den Weg entlang,
vor seinem Heim sind sie verdorrt.

> *Sekunden einer Stadt sind*
> *Jahre, die ein Landmann hat.*

Landbefrieder

Dem Grau der Stadt entflohen,
um das Grüne zu bedrohen,
erkauften sie sich Gärten,
um sie baldigst zu entwerten.

In neuen Wohngebieten
ward der Ärger abgeschnitten,
denn Arbeit machten Bäume,
wuchsen über fremde Zäune.

Die Hecke wich der Straße
linear zur Parkterrasse,
Karossen der Verwöhnten
mit den Herren sich versöhnten.

Das Unkraut hingerichtet
und Romantik stark gelichtet,
die Sommerwärmewonne
fror zu eisig heißer Sonne.

Das regennasse Klatschen
sind der Regenmassen Watschen,
vorbei - das traute Rauschen,
durch die Blätter zu belauschen.

Der letzte Baum verkrüppelt,
Rasen betoniert zerstückelt;
verschieden, Duft des Flieders
im Benzin des Landbefrieders.

Einzelkämpferin

Am Neujahrsmorgen findet sie
ein Kleinod, ein Geschenk der Zeit,
die Welt um sie herum, im Schlaf,
ein Zustand, der sie kurz befreit.

Doch keine Ruhe schenkt er ihr,
nur einen Blick zum Fensterkreuz,
der Himmel zeigt ihr, was geschah,
was kommt, erlebte sie bereits.

Besorgt um den Zusammenhalt
des Restes, den das Jahr verlor,
im Einzelkampf durch jeden Tag,
wobei so mancher Wunsch erfror.

Der Wochen Arbeit Einerlei
zersprengte Denken durch den Plan,
das Kind, der Einkauf und das Haus
sind zwischendurch gemeinsam dran.

Geschafft, gegrübelt und gekarrt,
verwaltet, die Vergangenheit,
gehofft, gebangt um eignes Blut,
getröstet nicht ihr eignes Leid.

Die Zukunft brauchte zu viel Platz,
verschoben auf den Tag danach,
und was vom Jetzt noch übrig bleibt,
liegt auch in Zukunft weiter brach.

Die Frage, wann die Zeit zerbricht,
getraut sich kaum, legal zu sein,
die Tür geht auf, und es wird Licht:
mit Frühstück kommt ihr Kind herein.

Unterm Baum

Die Unzufriedenheit im Baum,
ein kalter Schmuck erfriert den Raum,
und was darunter sitzt, ertrinkt
in Freude, die in Kassen klingt.

Beliebigkeit ist wohl verziert,
damit noch ein Gefühl pariert,
an das man sich erinnern kann,
als Geben noch das Herz gewann.

Ein Kind, ein Elternteil entzückt,
das andre sonst wo wen beglückt,
so ist der Segen wohl verteilt,
der selten noch vom Himmel eilt.

Der Zauber, der sich dann ergibt,
ist meistens deshalb so beliebt,
weil er den Alltag fein garniert
und den Gestank neu parfümiert.

Doch Frieden, den man heimlich sucht,
wird offiziell als Kitsch verflucht,
und Tränen, die das Christkind schenkt,
sind bald in Wein und Punsch versenkt.

Ein Junggeselle

Die Angewohnheit, ein Gerüst,
das nicht viel Spielraum übrig lässt,
ersetzt die Flexibilität,
ein schwarzer Knopf mit Weiß vernäht.

Damit die Lage täglich passt,
vermindert er der Tage Last,
und läuft in breit getret'ner Spur,
durchs Wohnzimmer die Wäscheschnur.

Die letzte Freundin lange fort,
es hielt sie nichts an seinem Ort,
denn sie war Teil nur im Geflecht
als funktionierendes Geschlecht.

Gesellschaftsfähig ist er schon,
er spielt jedoch den guten Ton,
er weiß wohin er abends geht,
zum alten Laken auf dem Bett.

Die Flucht

Die Harmonie im Schnee zerstören Spuren einer Flucht.
Im weiten Lauf ein Sturz, der sich den Weg durch Kälte sucht.
Daneben einer, Schritt für Schritt, entschlossen tief und fest:
Die Spuren zweier Freunde, die kein Feind sie trennen lässt.

In Offenheit verbirgt das Land die Hoffnungslosigkeit.
Die Macht des Horizonts verlockt nach jedem Schritt erneut.
Die langen Schritte halten durch, die kurzen kaum noch mit;
was standhaft seinen Weg sich bahnt, verrutscht so manchen Tritt.

Nicht länger schürt den Mut ein neuer Streif am Firmament;
versetzt den kurzen Lauf zurück und zerrt am Vorwärtstrend.
Der andere verkürzt den Gang doch holt den Freund kaum ein;
ein Rucksack liegt am Wegesrand, um Schritte zu befrei'n.

Noch immer hält Verzweiflung Form, wenngleich im halben Gang.
Daneben schleift von Satz zu Satz die Spur am Sturz entlang;
bis sie versiegt im großen Fall, nichts bleibt davon zurück;
viel tiefer als zuvor versackt nun einer Stück für Stück.

Nicht weit vom Ziel ergibt er sich in seiner Kräfte Not.
Die Spur ist längst vom Wind verweht, mit ihr die Angst vorm Tod.
Umschlungen schlägt sein Herz dem Herz des andern flüsternd zu;
die Hoffnung stirbt zuletzt - ein Hund im Dorf gibt keine Ruh.

Für was?

Für was machst du das Bett noch schön?
Du liegst nur da, um aufzusteh'n
und weißt nicht einmal mehr für wen.

Für wen verdienst du soviel Geld,
das andren mehr als dir zufällt,
die lang schon nichts zuhause hält?

Für welche Ziele kämpfst du noch?
Was lang ersehnt, wird bald zum Joch,
dein Stolz pfeift auf dem letzten Loch.

Für wann verwahrst du deinen Schatz?
Ist um die Zeit, war's für die Katz,
im Grab gibt's dafür keinen Platz.

Für was hältst du die Wirklichkeit,
für einen Freund, der dich befreit?
Dann bist du wohl noch nicht so weit.

Im Dunkeln sehn

Augen suchen in die Leere,
Lächeln, dem der Blick entweicht,
Worte malen Bild des Lebens,
das die schwarze Welt entbleicht.

Ohren schauen die Geräusche
wie ein Film von fern bis nah,
sich empfindend in Umgebung,
die ein andrer nimmt kaum wahr.

Finger tasten durch die Sehnsucht,
zu erfahren, was geschieht,
Punkt um Punkt gefühlte Sätze,
die man sonst oft übersieht.

Frühes Fühlen fremder Nähe
gibt die Zeit, sich zu versteh'n,
die Nuancen eines Menschen
lassen in die Seele seh'n.

Das Bewusstsein aus dem Dunkeln,
lebt von Seins-Intensität,
was in Vielfalt liegt verborgen,
sich durch Einzelheit verrät.

Die Nacht am Tage eröffnet
Fenster in täglicher
Umnachtung.

Großes Leuchten

Lange Schatten malen Bilder
ihrer bunten Avatare,
denn die Sonne steht seit langem
weitab alter Mittagsjahre.

Zu der Zeit des großen Leuchtens,
unter dem sich Zwerge sonnten,
schufen diese Farbenprachten,
die sich sehen lassen konnten.

Selbst verblichen sie nach Zeiten,
doch sie lebten strahlend weiter
in den Werken, die sie schufen,
schienen unterm Himmelsreiter.

Um den Untergang zu nutzen,
suchten Ahnen kleiner Riesen,
ihre Schatten zu verkaufen,
deren Größe alle priesen.

Mit dem letzten Strahl der Sonne
werden sie im Nichts verschwinden,
doch die Lichter alter Väter
werden sich durch's Dunkel winden.

> *Die guten alten Zeiten
> waren nicht gut aber hatten
> mehr Mut.*

Kleine große Katastrophen

Gibt es eine Sonne nach der letzten langen Nacht,
oder werden wir danach mit Dunkelheit bedacht?

Küsst den letzten Tag zur Nacht ein letzter Sonnenstrahl,
oder scheint er weiter und verbrennt den Erdenball?

Bleibt die Welt erst steh'n, wenn wir schon alle nicht mehr sind,
oder sind wir jetzt schon Zeugen, wie die Welt verrinnt.

Nein, ich spreche nicht von Katastrophen dieser Welt,
nur vom Unglück einzelner das Endzeitlied erzählt.

Denn das Leid im Kleinen kann ein Makrokosmos sein,
einer oder viele - jeder hört sich selbst nur schrei'n.

* * *

Das Spinnrad

Ausgereckt und streng verdreht,
Disziplin aus dem, was weht,
Spinnrad bringt es zur Raison,
Fäden laufen nicht davon.

Spindel, die das Schwungrad treibt,
hat das Garn sich einverleibt,
über Flügel zugeführt,
auf der Spule streng fixiert.

Schicksal hängt am Rocken fest,
was die Fasern ahnen lässt,
dass die Freiheit ist vorbei,
unterjocht durch Spinnerei.

Schlag der Zeit

Ich liege still, die Augen zu und ganz bewusst,
allein, ich spüre nicht den schleichenden Verlust,
ein Meer aus Zeit umgibt den Umfang meines Seins,
so glatt, bewegungslos, ein Ufer gibt es keins.

Bevor mein Dämmern sagt sich los vom letzten Sinn,
versucht ein leiser Stoß mein Ohr zurückzuzieh'n,
schon immer da, doch nie bemerkt, den Tick der Zeit,
der wie ein Stein die Welle aus dem Meer befreit.

Konzentration darauf verstärkt dann Schlag auf Schlag,
dem Wellenberg ein Tal ins Zentrum folgen mag,
die Reflexion erweist sich als ein Gegenspiel,
die Zeit fließt nicht, nur ich durch sie, verfolgt vom Ziel.

Gewissheit mir das Schlagen nun als Ticken schenkt,
mit welchem man am Tag kaum seiner Chance gedenkt,
geleitet mich - doch nicht bedrohlich - in die Nacht,
weil es verlässlich ist - sich dadurch nutzbar macht.

Augen-Blicke

Zwei Augen seh'n mich an, dann fort,
sie suchen einen freien Ort,
ich pralle ab von diesem Blick
und schau mich um, doch kaum zurück.

Die einen wandern flink umher,
und andere stört gar nichts mehr,
sie bohren durch, bemerken nicht,
dass auch sie selbst ein Blick durchbricht.

Gesucht, gestrandet und flaniert,
erkannt, was selten doch passiert,
gekreuzt, getroffen und verschweift,
aus Winkeln abgelenkt gestreift.

Der Raum von Seelenlicht gespickt,
erfasst, so manches schnell erschrickt,
es taucht nicht gern in Schwärze ein,
aus Angst, die eig'ne zu befrei'n.

Und trennen Wege sich zur Nacht,
ein jedes Paar auf sich bedacht,
nur hier und da erscheint im Traum,
was tags sich niemand traut, zu schau'n.

Ein hoffnungsloser Fall

Die große Bahnhofstüre schwingt,
die Menschen bald zusammen bringt,
fast gleich dem Kartenlegespiel,
bei dem man Pärchen ziehen will.

Ich warte in der Menge dort,
sie kommen, freu'n sich und geh'n fort,
nur hier und da bleibt einer steh'n,
um dann beim nächsten Schwung zu geh'n.

Das Spiel geht auf, so denk ich mir
und schaue sehnsuchtsvoll zur Tür,
die Gruppe ist schon ziemlich klein,
wer wird denn wohl der letzte sein?

Mein Herz, es klopft, die Halle leer,
es schlägt sich dabei langsam schwer,
es straft ein aufgegang'nes Spiel
die Karte, die noch spielen will.

Ich geh, wie immer schenk ich ihr
die Rose - dort am Schalter vier -
und komme wieder irgendwann,
vielleicht besucht mich jemand dann.

Verlassene Welt

Sieh dort hinten,
wo die Landschaft am Horizont versiegt,
wo die Schwinge des letzten Reisenden verfliegt,
wo die Sonne noch nicht einmal mehr untergeht,
wo selbst Gott nicht wahrnimmt ein Gebet.

Kannst du hören,
wie die Stille zehrt am Firmament,
wie dein Ohr nicht deine Stimme länger kennt,
wie die Luft den Schall nicht mehr ihr Eigen nennt,
wie Gesagtes sich von den Begriffen trennt?

Fühlt dein Schwinden,
dass die nackte Haut bleibt unberührt,
dass nicht Sehnsucht deiner Liebe dich verführt,
dass dein Suchen sich im Straucheln hat verirrt,
dass kein Denken einer Wahrheit würdig wird?

So vergangen,
muss Vergangenheit vergeblich sein,
muss Erinnerung, um gehört zu werden, schrei'n,
muss die Zeit von Dingen sich befrei'n,
muss die Welt dem Nihilismus fall'n anheim.

> *Wenn Erinnerungen sterben,*
> *fällt das Ende auf den*
> *Anfang.*

Das letzte Blatt

Es trotzt und wedelt arrogant
als eins von vielen dort im Sturm,
die meisten sind längst fortgerannt,
doch dies hängt weiter überm Wurm.

Gemocht hat es die Masse nie,
weit außerhalb und unnahbar,
am kahlen Ende es gedieh,
so lausverschont, ein Sonnenstar.

Einst tobte manches Windesfest
im wilden prachtgeballten Grün,
recht selbstverliebt fernab vom Rest,
so tänzelte es vor sich hin.

Den langen Atem hat der Wind,
sowie das Schillern gelb und rot,
die andern sehr viel müder sind,
nur eines, das verschmäht den Tod.

Gab der Narzissmus ihm die Kraft,
den Wettern anzubiedern sich?
Es scheint, als hätt' es dies geschafft
und einzig nicht im Schnee verblich.

In trügerischer Sicherheit
verharrt im Frost ein totes Blatt,
es glaubt wahrhaftig - wenn befreit,
es eine zweite Chance hat.

Bevor es jedoch wieder sieht
sich selbst als Sonderling im Baum,
ein Sturm die Hoffnung ihm entzieht,
die neuen Blätter stört es kaum.

Reise des Lichts

Als das Licht die Welt erblickte,
schoss es schnell durch Raum und Zeit,
seine Boten, die es schickte,
haben sich im All zerstreut.

Heiße Vielfalt treibt die Blüten
in der Einheit kalter Nacht,
Sonnenblumen dort verhüten,
hier ihr Strahlen fruchtbar macht.

Einzeln fliegen einsam weiter
Unbewusstheit und das Glück,
nur die Zeit ist ihr Begleiter,
sie allein führt sie zurück.

Denn die Reise wilder Flammen
durch das Dunkel nach dem Nichts
dehnt sich aus und fällt zusammen
auf den Ursprungspunkt des Lichts.

Formales Großereignis

Unentschieden kicken sich
die Millionäre durch den Rasen,
um den Sieg des Spieles
billig vorberechnet abzugrasen.

Eingeklebt in bunte Heftchen,
weit entfernt von den Idolen,
Abziehbildgesichter füllen
teuer Glück der Fanparolen.

Rein formal erzwingen Pläne
Zahlen aus der Langeweile,
monotone Vuvuzelas
stehlen Shows die Sportschlagzeile.

Hier und da zerreißt Hurra
auf der Tribüne Feistgesichter,
eine Abwechslung zur Ödnis
in des Stadions Jubeltrichter.

Vor Arenen haust der Hunger,
hinterm Reihenhaus scheint Sonne,
zieh die Fernseh-Rettungsleine,
wünsch der Armut gleiche Wonne.

> *Zur Zeit der Amateure war*
> *Begeisterung das Leben,*
> *welches Profiteure heute*
> *bildreich überkleben.*

121

Alter Junge – Junge, Alter

Junger Junge, kurz an Jahren,
möchte Feuerwehren fahren,
Führerstand des Zugs beglücken,
Mädchen noch nicht gerne drücken.

‚Junge, Junge!', wird man sagen,
groß, nach schnellen Kindertagen,
Pläne dich durchs Leben treiben,
alte Wünsche selten bleiben.

Alter Junge, Schulterklopfen,
die Erinnerungen tropfen,
jemand plaudert von Geschichten.
Was machst du? Ich habe Pflichten.

‚Junge, Alter!', ruft nach Zeiten
einer, der dich wird begleiten
durch die Jahre deiner Ruhe,
trägt bequeme Rentnerschuhe.

‚Alter, Alter!' will nicht heißen,
dass ein Junge muss verschleißen;
oft kehrt wieder, was verborgen,
junger Alter träumt vom Morgen.

Kunst des Zufalls

Warum kippen Einkaufstüten
immer in die falsche Richtung?
Warum fällt das leck're Brötchen
auf die Konfitürbeschichtung?

Warum muss die Frau mit Husten
sich im Bus zu mir gesellen?
Warum muss mein stilles Hundchen
in die Lottozahlen bellen?

Warum fegt aus Windes Stille
durch mein Streichholz eine Böe?
Warum kommt mein Zug dann pünktlich,
wenn ich mal gemächlich gehe?

Darum, weil die Kunst des Zufalls
als ein Fall aus vielen Fällen
nur entsteht, wenn sie dich ärgert,
und dich zwingt, sich ihr zu stellen.

Selber stehen

In Missachtung deiner Liebe
bat die Achtung meiner selbst,
zu entziehen mich der Hiebe,
die auch du für Liebe hältst.

Nie bekommen, was du wolltest,
und die Schuld lag nur bei mir,
kann nicht fordern, was du solltest,
denn das steht nicht auf Papier.

Wollte hoffen, dass Vertrauen
stets erfüllt, was still ersehnt,
ließ Bequemlichkeiten schauen,
wie ein Doppelhaus verbrennt.

Das Verrechnen unsrer Herzen
mit dem Anspruch geht nicht auf,
unterm Strich für beide Schmerzen,
und die Unschuld zahlt noch drauf.

Drum beschließe ich den Reigen,
immer nur im Kreis zu geh'n,
aufzubrechen, mir zu zeigen:
Steh' ich auf, kann selbst ich steh'n.

Norwegen

Das Land
Ein Bild, so gräulich komponiert,
mit grünen Geizen eines Meisters,
von Himmels Leinwand inspiriert.

Die Flucht
Unendlichkeit am Berg zerbricht,
zersplittert wuchernd in die Höhe,
im Fjordenlabyrint kaum Licht.

Der Mensch
Er kennt die seinen und noch wen,
erlebt das Leben, wie gegeben,
und will ihm nicht im Wege steh'n.

Das Lied
Es singt von Sehnsucht, die nicht treibt,
verlautbart alte Traditionen,
es klingt voll stolz hinaus und bleibt.

Die Zeit
Sie scheint, zu kriechen durch das Land,
verschleppt das Licht der kurzen Sommer
zum Bann im weißen Nachtgewand.

Der letzte Kommentar

Das Heim geschmückt,
die große Torte ist geglückt,
die Freude nun dem Murren weicht,
denn was jetzt kommt, das wird nicht leicht.

Es zwitschert leis,
zum Nachmittag die Sonne heiß,
die erste Autotüre knallt,
der Platz vorm Hause füllt sich bald.

Ein Tischgebet,
das Zwitschern noch am Himmel steht,
begleitet von gehemmter Freud,
ein Gast das falsche Stichwort streut.

Verstummter Clan,
ein Blick fängt mit dem Streiten an,
ein Satz versucht ihn, zu umgeh'n,
ein weiterer, ihm beizusteh'n.

Besteck erlahmt,
in Servietten Fassung kramt,
an Kuchen denkt jetzt keiner mehr,
der Mund im Wortgefecht nicht leer.

Das Baby schreit,
der Vogel ist das Zwitschern leid,
so manche Stimme sich zerbricht,
der eine geht, der andre nicht.

...

...

Faust auf dem Tisch,
die Worte werden widerlich,
Geschirr wird vom Affront zersprengt,
Kaffee im Dekolletee versenkt.

Im Zorn entbrannt,
Verwandte sind nicht mehr verwandt,
im Sturme flieht, was lau begann,
das Oberhaupt's nicht fassen kann.

Die Tafel leer,
die Autos parken auch nicht mehr,
der Tortenrest zum Himmel stiert,
ein Vogel etwas drauf verliert.

Ein Vogel, der abrupt
verstummt, den
Tisch von Friedlichkeit
entmummt.

Fixpunkt

Oh, ich möchte noch nicht gehen
und dem Tod entgegen sehen,
will die Welt tief inhalieren,
fühlen, was die andern spüren.

Möchte auch das Glück erleben,
meine Zeit der ihren geben,
fühle mich von euch verlassen,
die nicht lieben mich, noch hassen.

Sitze fest im Zwang gebunden,
gaukelt vor die schönen Stunden,
die allein die Welt regieren
und nur mich im Neid erfrieren.

Meine Sorge, unerträglich,
dass mein Leben endet kläglich
und der Segen mir entgleitet,
wider mich für andre streitet.

Undankbar könnt ich mich nennen,
was mir zusteht, sollt' ich kennen,
nichts und niemand kann doch fordern,
Glück und Pech beim Schicksal ordern.

Ja, du kannst nicht darauf reiten,
wofür andre Menschen streiten,
ohne auch den Preis zu zahlen
und zu leiden ihre Qualen.

...

...

Denk daran, dass viele kamen,
jeder hatte einen Namen,
seine Zeit und seiner Lieder,
wer einst kam, der geht auch wieder.

Ja ich weiß, der Rat ist weise,
und doch fürchte ich ganz leise,
dass ich irgendwas verpasse
auf der kurzen Lebensstraße.

Sei gewiss, an jedem Ende
reicht der Tod dem Leben Hände,
was sie alle auch erleben,
müssen sie dem Fixpunkt geben.

Wer sich stets woanders
sucht als im eignen
Labyrinth, über
Schicksalsschläge flucht, die
kein Schicksal sind.

Gruppendynamik

A(a) bis (e)F sind schwer verliebt,
G(e) bis V(au) die Masse gibt,
W(e) und (i)X sind gern allein,
Y(psilon) und Z(ett) ein Schwein.

A(a) bis (e)F im trauten Kreis,
G(e) bis V(au) hass-liebt sie leis',
Dies ist W(e) und (i)X egal,
Kämpfern sind sie eine Qual.

Springt ein Funke durch den Clan,
hängt sich (Y)psilon daran,
je nach Opportunität
A(a) bis e(F) in Not gerät.

Auch das Z(ett) mischt eifrig mit,
gibt dem Y(psilon) 'nen Tritt,
einer aus dem A(a) bis e(F)
spielt zur Rangelei den Chef.

Zaghaft hebt ein I(i) die Hand,
Schlichtung aus der Massenwand,
W(e) und (i)X tun sich nicht weh,
ernten derweil Gruppenklee.

Zahn der Zeit

Ein Nager zehrt und wird nie satt,
Vertrautes sich verändert hat,
im Augenblick noch ungeahnt,
nach Jahren hat man ihn erkannt.

Was hart ist, kaut er langsam weich,
sensibles Futter frisst er gleich,
nicht ein Moment wird widersteh'n,
das Heute wird nicht Morgen seh'n.

Oft fallen wir dem Trug anheim,
was neu ist, wird so immer sein,
bei aller Pflege, irgendwann,
dem Fraß es nicht entgehen kann.

Das Tier zu finden, ist sehr schwer,
und doch umgibt es Land und Meer,
ein Nimmersatt seit Anbeginn,
die Eitelkeit hat keinen Sinn.

Und hat es ganz zuletzt verspeist,
was golden ist und Edel heißt,
verstirbt es in der Ewigkeit,
es fault dahin der Zahn der Zeit.

Die Hecke

Die Hecke einer Nachbarschaft
bezeugte lang, was hingerafft,
fällt nun dem Schnitter selbst anheim,
Erinnerung von Groß nach Klein.

Es wuchs heran als junger Strauch,
was Zierde war und Ärger auch,
die Jüngsten sprangen drüber her,
vergrämte oft die Alten sehr.

Die Springerleidenschaft verging,
stattdessen half nun, großzuzieh'n,
die Jugend, die das Alter ehrt,
den Busch, der Einfriedung beschert.

Gepflegt zur Hüfte, strenger Schnitt,
die Jungen wuchsen langsam mit,
die Alten haben nicht erlebt,
wie stilvoll sich die Hecke hebt.

Nach Jahrestagen zogen fort
die Kinder aus dem grünen Hort,
die Eltern schnitten immer noch
auf Leitern, denn der Busch war hoch.

Nach Zeiten die Ästhetik schwand,
zu kurz der Arm, zu hoch die Wand,
auch fehlte Lust zur Symmetrie,
wer krank war, Wildwuchs gern verzieh.

...

...

Verblichenheit im greisen Strauch,
verblichen fast die Greisen auch,
dazu des Nachbarn dunkler Gram,
was wuchert, legt den Frieden lahm.

Ein Unfall gab den letzten Rest,
betrunken sich's nicht fahren lässt,
ein Loch im Stolz von einst beschloss
zu kappen, was schon lang verfloss.

Reisen

Wunsch, zu bleiben zerrt am Fernweh,
auf dem Flughafen lockt Flair,
kann nicht sagen, dass ich gern geh',
doch ich wünsch' es mir so sehr.

Duft verschlägt mich ins Getriebe,
mischt Parfüm ins Stelldichein,
Kaffeeschaum verschmilzt mit Liebe,
Gegenüber wahrt den Schein.

Hier ein Lachen, dort Sinnieren,
Blicke suchend, Tränenfluss,
Hetze überholt Flanieren,
der Umarmung folgt ein Kuss.

Flüsternd schallt durch Hallen Abschied,
trifft Verlegenheitsmoment,
Floskel, die von Mund zu Mund flieht,
Fremde Gleichgesinnte trennt.

Kofferrollen um die Wette
mit dem letzten Ruf ans Tor,
ein Portal in fremde Städte
steht dem Lampenfieber vor.

Kein Zurück, doch in Gedanken
freu ich mich auf's Wiederseh'n,
nur im Kopf bezwingt man Schranken,
die verhindern, fortzugeh'n.

Bereitschaftsdienst

Ein Brief von fern, und ein Gedeck,
Kantinenblick zum Fenster raus,
ein Seufzer startet seinen Weg,
sein Echo findet nicht nach Haus.

Ein Christbaum, Stück Gemeinschaftssinn,
vereint, verstreut zum Friedensfest,
ein Neonlicht streckt Stimmung hin,
das Kerzenschein verblassen lässt.

Ein Lächeln aus der Küche fliegt,
so oft geseh'n, doch nie erkannt,
ein Handtuch auf dem Tresen liegt,
an welchem sonst die Menge stand.

Ein Blick zur Uhr, der Baum erlischt,
ein Ruf zur Unzeit nach der Zeit,
Genuss des letzten Löffels wischt
die Ruhe aus der Einsamkeit.

Ein Warten – satt - auf ein Gespenst,
die Sehnsucht weiter hungrig bleibt;
an Menschen im Bereitschaftsdienst
ein Dank von jenem, der dies schreibt.

Durchs Dorf

Durchs Dorf zu laufen liebe ich,
mit Clara an der rechten Hand,
die Schulgeschichten sorgen mich,
so wichtig für das ganze Land.

Die Stadt erobere ich bald,
Studentenkneipen mein Revier,
Kontakt zu Clara gibt mir Halt,
bis ich mit Sonja trink das Bier.

Das Land verschlägt mich weiter fort,
nachdem ich Sonja hab geliebt,
es hält mich lang beruflich dort,
wo Petra mir das Ja-Wort gibt.

Die Welt zerreißt Versprechen oft,
der Mut verlässt mich, zu besteh'n,
ich find nicht, was ich hab erhofft,
weit hinter'm Meer werd fremd ich geh'n.

Soweit der Stand der Theorie
des Vagabunden tief in mir;
mit Clara ich um Häuser zieh,
bin treu seit 40 Jahren ihr.

*Retrospektive Träume sind
der Gegenverkehr auf der
Einbahnstraße des Lebens.*

Schicksal im Bauch

Die edle Dame rausgeputzt,
damit der Abend ihr was nutzt,
chauffiert im Pelz zum Benefiz,
frisiert macht Hundchen hinten Sitz.

Der Stadtverkehr im Abendstau
verdirbt den Sinn der jungen Frau,
die Pflicht der High Society
erreicht sie pünktlich so doch nie.

Der rote Teppich fehlt heut ganz,
der Regen bricht den falschen Glanz,
mit Hund und Hut feucht im Foyer,
die Garderobenfrau kocht Tee.

Ein Kampf, der Gang zum besten Platz,
den guten Menschen plagt die Hatz,
im Blitzgewitter reserviert
der Sitz und sie - Hund uriniert.

Zum Höhepunkt des Abends fließt
die Wohltat, die ihr Schmuckstück ist,
aus ihrem eloquenten Mund,
ein Licht geht aus, es bellt der Hund.

Wie hat sie das nur überlebt,
verschnauft die Dame, als sie geht,
so kann sie kaum die Arbeit tun,
die Armut macht zu ihrem Ruhm.

Der Fahrer fuhr sie spät nach Haus,
der Abend war ein Standesgraus,
noch immer die Affronts im Bauch,
den unsichtbaren Knoten auch.

Meniére

Aus heit'rem Himmel stürzte mir,
weil er so gar nicht heiter war,
der Schrei der Seele ins Gehör,
der wirbelnd Sturm im Kopf gebar.

Die Aura seiner Narretei
vertrieb mit Schallen meinen Sinn
und presste seine Trias frei,
verdreht kann Lärm durch Taubheit zieh'n.

Die erste Woge war verhallt,
zurück bleibt die Erinnerung,
die Angst sich ins Gedächtnis krallt,
wer einmal fiel, wird's wieder tun.

Ruinen bleiben oft zurück,
vom Wahn zerrissen, letzte Kraft,
wer Reste findet noch vom Glück,
vielleicht den Mut zum Leben schafft.

Weltenende mittendrin

Eine Galerie von Mücken
hinter einem Topf voll Reis,
Küchenzeile Kippen schmücken,
Wäscheberge voller Schweiß.

Unter Tassen kleben Briefe,
Dosen der Verzweiflung steh'n
auf der Heizung, die noch liefe,
würde man die Zukunft seh'n.

Pflichten, die nicht länger flüchten,
haben Rechte aufgekauft,
können Ehre nicht mehr züchten,
wo sich niemand Haare rauft.

Streuner, die die Rippen quälen,
treu und ohne Wahl, zu flieh'n,
Kraulen in verlausten Fellen
hält die falsche Hoffnung hin.

Unter Decken stiert das Warten,
Stiche schmücken Faltenhand,
faules Laub in jungem Garten
hat die Saat zum Tod verbannt.

Kalter Sieg

Einsame Würmer finden die Schnäbel
versprengter Überlebenskämpfer.
Mit Mut des Untergangs bohren sich
gräserne Lanzen in den Leib des weißen Feindes

Er haucht den kalten Schmerz des Sieges
über das Feld seines lautlosen Kampfes und
erstickt den letzten Schrei des Grüns.

Nach Zeiten der Vergänglichkeit,
die auch den Sieger nicht verschont,
erstreckt das Leben die Revanche
vom Ufer ausgebleichten Frosts
ins laue Bett des Frühlingsmeers.

Letzter Kaffeeklatsch

Mit andachtsvollem Blick umstreift
die alte Dame ihren Tisch,
ein Duft von Kaffekranz verschweift,
der Kuchen scheint noch ziemlich frisch.

Verklärt ihr Blick zum Nachgebäck,
aus Liebe zu sich selbst verziert,
sie gibt es gern mit auf den Weg,
der Zuckerguss ist präpariert.

Zwei Gäste trudeln pünktlich ein,
die Freundin aus der alten Zeit
mit ihrem neuen Mann, dem Schwein,
hat sich aus erster Hand befreit.

Die Runde frönt dem Kaffeerausch,
zur Höflichkeit der Argwohn schweigt,
die Mienen gut zum bösen Tausch,
bis sich der Tag dem Ende neigt.

Der Abschied nimmt noch einen Kuss,
ein Schmankerl für den Abendwein,
die Wegzehrung mit Zuckerguss
wird für die letzten Stunden sein.

Zu Bett geht eine Dame still,
ein Lächeln deckt ihr Schlummern zu,
freut sich auf Morgen, wenn Gott will,
er schenkt woanders ewig Ruh'.

Emporkömmling

Der Schlange ist der Baum zu hoch,
wo sie gemütlich sonnen könnt',
durch Moder sie schon lange kroch,
noch nie ein Strahl war ihr vergönnt.

Das, was die haben, will ich auch,
allein die Chance zu gering,
so ein Beschluss im dürren Strauch,
sie alle in den Dreck zu zieh'n.

Gezüngelt, ungezügelt schäumt
der Hass aus ihres Maules Saum,
ihr Zischen sich zum Lob aufbäumt,
das Licht zu preisen hoch im Baum.

So komm doch hoch, sei unser Gast,
es lockend aus dem Wipfel tönt;
die sie sonst schmählich hat gehasst,
die Schlange nun nicht mehr verhöhnt.

Die falsche Freundschaft kriecht ins Nest,
vergiftet es mit Urinstinkt,
wo sich's nicht länger gut sein lässt,
weil allen bald die Sonne stinkt.

Hütet euch vor Hetzern, die nach Höherem sich recken, die, wenn sie's nicht schaffen, euch den Hass in Taschen stecken, um, falls doch emporgekommen, nieder euch zu strecken.

Fettnäpfe (Reset)

Auf dem Boden, blank geputzt,
schicke Schuhe, unverschmutzt,
in der Mitte steht ein Topf,
unnötig so wie ein Kropf.

Alle schauen hin und her,
Platz genug in Massen wär',
doch es knubbelt sich sodann
am Tabu so mancher Mann.

Schon umkreist das Frustobjekt
jemand, den die Lust dort neckt,
um sich blickend, äußerst nett,
tritt der erste in das Fett.

Stolpert - zieht den nächsten nach,
stößt an andre - legt sie flach,
keiner weiß, warum es schmiert,
die die's wissen, ungeniert.

Doch auch sie verirren sich,
wo es kleckst, bleibt keiner frisch,
nicht zu ordnen der Fauxpas,
Ausfallschritt in den Eklat.

Ruhm

So lang erhofft und drauf gegiert,
dass diesem Leben was passiert,
das Schuften im Gehirn ward greis,
und der Gedankenzwirn nicht weis.

Denn was man schuf, reicht nicht allein,
der Wahn des Ruhmes sollt' es sein,
ihn zu erpressen, die Manie,
zwingt nur das Alter in die Knie.

Nach Jahren dieser Illusion
schlich mancher Beifall schnell davon,
kein Hahn kräht nach des Träumers Tod
nach kleingeback'nem Schimmelbrot.

Nur manchmal kommt von ganz allein,
dazu muss man präsent nicht sein,
ein Wink des Himmels aus dem Traum,
der wahre Ruhm schlägt selten Schaum.

Netzparanoia

Von Wichtigkeit der Welt verschont,
soziale Obdachlosigkeit,
der arme Tropf, der in sich wohnt,
den niemand aus sich selbst befreit.

Hausiert in Netzen, virtuell,
ein Almosen der kleine Spruch,
verzehrt sind Emotionen schnell,
verstümmelter Kontaktversuch.

So steigert die Empfindlichkeit
die Gier nach Freundschaft aus dem Netz,
und Sucht des Glaubens macht sich breit,
nur hat zwei Seiten dies Gesetz.

Der Rausch im Überschätzungswahn
verklärt den Blick für den Moment,
doch wer so denkt, glaubt auch daran,
dass jemand seinen Namen kennt.

Die Furcht, geboren aus dem Schmacht,
dass sonst wer hinter'm Bildschirm sitzt,
hysterisch, um sich schauend lacht
und Paranoiawasser schwitzt.

Verlorener Sohn

Fragend pochen warme Wolken
eines kalten Hauchs durch
den in Ketten gelegten Türspalt
und erklimmen mein kaschiertes
Bettgesicht, den Eiermund
im Frühstückskaffeerausch auf Eis zu legen.

Ausgerissen er und ich; ich aus der
Selbstgefälligkeit des Tisches,
wie auch er aus dem Darunter.
Grau entstolzt verströmt sein
Angesicht die Dreistigkeit der Welt
durch diesen Spalt in meinen Untergrund.

Und doch, ich kann mich nicht verzehren
nach mir selbst und eigen Fleisch und
Blut dabei erbrechen, als ich spüre,
wie sein Herz die Kette spannt bis zum
Zerreißen und die Wolke mir fast unhörbar
ein ‚Papa' in die Augen pulst.

Vom Durchzug des Lebens
zugeschlagene Türen lassen die
Stürme nicht ruhen, nur Worte im
Wind sich verlieren.

Reinkarnation

Soeben noch in einem bunten Bund
aus Frauenkuss und wahrem Kindermund,
herausgerissen in den weißen Schlund,
vorbei an dem finalen Lichterschwund.

Ein Abschied, der nicht länger mich bedrängt,
seit er in Hilferufe mich nicht zwängt,
ich schwebe dort, worin mich niemand lenkt,
verlass Gedanken, der noch an mich denkt.

Ein Sog am Seelenschwamm erzwingt den Wind,
er bläst in Fleisches Poren neues Kind,
und im Moment, als alle glücklich sind,
fernab die letzte Rose abwärts rinnt.

Sanduhr

So breit und kaum vergänglich scheint die Zeit
und doch ist dieses Loch im Raum bereit
sie zu verschlucken ohne Unterlass
gefangen nur in diesem Glas
verschwunden in Minuten
eh wir sie vermuten
schon nur noch
dieser
Rest
der tief
im Spiegelbild
sich als Vergangen
so immer noch gefangen
als eine Endlichkeit erfährt
die nichts als Hin und Her begehrt
als wenn sie sich aufs Neue stets erfindet
im Wendewahn verloren an ihr Schicksal bindet

Gruppenpopulation
(Text von unten nach oben lesen)

irrtour
vorwitz nur
und die gestörte ruh
kommt die neulust noch dazu
so scheint stabil die gruppe nun zu sein
und in gewohnheit tauchen diese dann noch ein
die kommen später um die hauptzeit doch mit früherem verdruss
sie sind vom anfang bis zum ende mit dabei und verschwinden ganz zum schluss

Liebe und Romantik

Liebe und Romantik

Jahresmutters Schoß

Im Schoß der Jahresmutter liegt
ein Kind, das sich an Wonne schmiegt,
hofiert durch Sonne, Regen Wind,
damit zu regen sich's beginnt.

Vielleicht noch müd' am letzten Tag,
an welchem es verborgen lag;
fernab der Stürme aus April
es nun nicht länger warten will.

Verlässt verlegen seinen Schoß,
erkundet die Umgebung bloß,
berührt mit Vorsicht eine Welt,
die seinem Charme und Spiel verfällt.

Dann lacht es bunt und fügt sich ein
in junge Blütenliebelei'n,
begeistert Luft und auch das Land,
es nimmt das Leben an die Hand.

Und alles, was sein Lachen sieht,
ist eine Strophe in dem Lied,
wer dieses mit dem Frühling singt,
sich selbst nicht um das Kindsein bringt.

Fliederduft

Du wecktest mich so sanft heut' Nacht,
als ich allein im Bette lag
und hast Gedanken mitgebracht,
fernab der Suche durch den Tag.

Ich lud dich ein viel eher schon,
und wartend, bis du dich entschließt,
befiel mich Furcht, du sei'st gefloh'n
dorthin, wo Kühle dich zerfließt.

Dem Spalt im Fenster galt mein Blick,
als ich dir spät entgegen schlief,
doch hielt mein Harren nicht zurück
den Traum, der mich bald zu sich rief.

Das Fenster zaghaft aufgetan,
getraute sich ein Kuss herein,
er zog den Schlaf in seinen Bann
und flößte ihm sein Wesen ein.

Nur still erwacht, nicht hoch geschreckt,
umarmte ich die laue Luft,
verliebt hat mich dein Charme entdeckt,
du lang vermisster Fliederduft.

Oh, welch ein

Oh, welch ein schwacher Hauch
nur im Vorbeigeh'n mich erweckte,
als ob den Kuss darin
die Frühlingsbrise neu entdeckte.

Oh, welch ein Stern im Blick
verstrich in Ahnung meines Schauens,
als schiene er fortan
in eine Sehnsucht des Vertrauens.

Oh, welch ein leichter Schritt
entzückte Hoffen auf die Stimmung,
dass jener Augenblick
entwuchs nicht launischer Besinnung.

Oh, welch ein Lied verflog
im Duft des Wesens, das ich spürte,
ich hoffe immer noch,
es kommt zurück, was mich verführte.

Wunschblasen

Seifenblasen tragen Lächeln
durch die klare Luft dahin,
spiel'n im Tanz erblühter Augen
zu den Windesmelodien.

Treiben sachte auseinander,
scheinen unverbindlich stet,
von der Schwere ganz enthoben,
der ihr Schillern bald entgeht.

Schweben auf und schweben nieder,
schlagen Haken durch die Luft,
je nachdem, mit welcher Laune
eine Windes Eile ruft.

Tanze zwischen ihren Reigen,
bis vereinzelt sie vergeh'n,
und der Rest enthält die Träume,
die in blaue Himmel weh'n.

Ganz weit oben ruht mein Schauen
in dem Glauben an die Macht,
dass die letzte meine Wünsche
hat schon längst ans Ziel gebracht.

Tulpenkind

Noch eng an seine Blüte angeschmiegt
liegt träumend still das junge Tulpenlid,
es sticht das Warten in die kühle Luft,
bis Würde es zum Blütenprinz beruft.

Getauft vom Regen perlt die Segnung ab,
verdampft das Licht, das noch nicht alles gab,
in Stille harrt ein Tropfen auf dem Blatt,
an seines gleichen sieht er sich dort satt.

Er läuft hinunter, weil er sich nun schämt,
da sein Gebieter sich nicht länger grämt,
ein Spalt im Lid schaut ihm verschmunzelt nach,
wird durch sein Kitzeln unaufhörlich wach.

Es seufzt voran, das Auge, das so lange schlief
und hält den Kopf verlegen etwas schief,
doch als sein Spiegelbild im Himmel lacht,
hat's sein Gesicht der Sonne dargebracht.

Herzbefriedung

Mein Herz zerreißt erneut
nach langen Mühen, zu befrieden;
vermisst nicht, was erfreut,
davon ist Sehnsucht zu verschieden.

Denn sie verzehrt den Tag,
kein Strahl der Sonne kann ihn binden
an das, was ich sonst mag,
ich will es auch nicht länger finden.

Ein Bild ist tief in mir,
ich streichle hilflos seine Farben,
sie gelten weiter dir,
auch wenn sie längst im Grau verdarben.

Das Aufbegehren schlug
seit jeher wild in mein Verzagen,
und wenn es sich betrug,
dann nur, um scheu nach dir zu fragen.

Ich frage mich, wohin
das Bersten und das Harren führen,
wie kann ich ihm entgeh'n,
um nicht dazwischen zu erfrieren?

Ein neuer Tag beginnt,
doch ihn zu halten, wird mich schwächen,
ich hoff, wenn er verrinnt,
wirst endlich du, mein Herz, ganz brechen.

Fernab der Welt

Ich freue mich, davonzufliegen wie ein junger Vogel;
ich freue mich daran, die Menschen einfach zu versteh'n.
Als ich von ihnen einer war, beschwerten mich die Beine,
sie trugen mich umher, doch lehrten mich nicht, selbst zu geh'n.

Ich brauche nicht zu suchen, weil sich alles um mich findet;
noch freier als im Traum, dem meine Hoffnung Grenzen setzt.
Und trachte nicht nach Zielen, die nicht länger existieren,
weil nichts das Allumfassende aus seinem Rahmen hetzt.

Das Lachen und das Weinen treffen sich in Resonanzen.
Sie schwingen im Bewusstsein ihrer irdischen Natur.
Ich breite mein Gesicht aus und erfasse ihre Gründe;
das reine Leben bis zum Tod erfassen beide nur.

Ich reite durch die Lichter, die weit hinter diesen liegen;
ich schließ den Wind in meinen Arm und lass ihn nicht mehr los.
Er weht davon und ich mit ihm, die Zeit, so ist sein Name;
gebettet ist mein Gleichmut in der Ewigkeiten Schoß.

Mehr als Träume

Meine Lippen stolpern über Worte der Geschichte,
schauen, ob sie wirklich auch erfreuen dein Gesichte.
Denn sie bringt die Welt zu dir, die sich nicht an dich bindet,
nur der kleine Garten hier, der sich um uns befindet.

Schaust in tausend Blüten, und dein Lauschen ist zu sehen;
Bilder, meist belanglos, scheinen durch den Kopf zu gehen.
Sommerwind bestreicht das Eifern deiner roten Wangen;
machst aus Alltag Träume, fühlst dich nicht mehr so gefangen.

Manchmal weiß ich Simples, nicht mit Worten zu erklären;
was nicht viel bedeutet, kann Erinnerung erschweren.
Doch wenn ich versuche, Rudimente zu beleben,
zeigen deine Augen, dass sie ihnen Bilder geben.

Lau verstreicht die Zeit, und abends frag ich mich nach Stunden,
die ich dir erzählt und selber habe nie gefunden.
Nur dein Schlaf in deinem Rollstuhl treibt im Lächeln Blüten,
scheinbar kann die Einfachheit oft mehr als Träume bieten.

Der wahre Urgenuss

Ein wahrer Urgenuss
entfaltet sich doch erst im schweren Schmacht;
des Weines Blume muss
erblüh'n im Fall der Seele in die Nacht;
der Liebe Wörterfluss
erringt das Temperament aus Tanzes Pracht;
ein erster tiefer Kuss
ist das, was Worte unbedeutend macht.

Die Ewigkeit beginnt
und lässt zurück den Tanz und auch den Wein;
die Zärtlichkeit entrinnt
aus Fingern deiner Hände und ist rein;
der kühle Abendwind
lässt uns mit unserm Atem ganz allein;
was wir nun beide sind,
das wollen wir zusammen hilflos sein.

Der letzte Blick danach
verfolgt dein Wesen in das Morgenlicht;
er hält mich lange wach,
allein, versteh'n kann ich die Nacht noch nicht;
ich bin noch immer schwach
von deinem Haar, das so vertraut auch riecht;
dann schlaf ich ein mit ,Ach ...'
und träum mir deine Sehnsucht ins Gesicht.

Liebesversicherung

Wenn ich die Augen schließe,
erwarte ich nichts
aus dem Schimmern der Lider;
nur Lächeln ich vergieße
in Schatten des Lichts -
bringen Bilder mir wieder.

Ich muss das Glück nicht sehen,
das über mir schwebt
durch den Duft deiner Haare;
und kann es doch verstehen,
was tief in uns lebt,
prägend unsere Jahre.

Es neigen sich Momente,
sie scheinen bedacht
auf mein harrendes Sinnen;
das, was ich einst ersehnte,
mir Sicherheit lacht -
muss ich dennoch gewinnen.

Denn Schätze geh'n verloren,
und Liebe verwaist,
kauert tief in den Seelen,
wenn Küsse, neu geboren,
von Lippen vereist,
die Versicherten quälen.

Westliche Boten

Von Westen her künden die Boten
von heimlicher Sehnsucht der Meere,
in Kleidern aus wolkigen Schoten
berauschen sie sinnliche Schwere.

Die Fülle der reisenden Lüfte
entnimmt durch die Tage des Eilens
den Plätzen verlockende Düfte,
beschert mich am Orte des Weilens.

Ich atme das laue Verspüren
so tief in den Hunger der Augen,
die süßlichen Blasen verführen,
den helleren Lichtern zu glauben.

Noch wandern sie weiter, zu wecken
die Wartenden tiefer im Lande,
und Schleier des Abends bedecken
die Wachen mit kühlendem Bande.

Enttäuschender Auftritt der Gäste,
sie hatten doch soviel versprochen,
doch sind sie nur Vorhut der Feste;
Versprochenes wird nicht gebrochen.

Schärennostalgie

Das Bähnchen sprüht vor Nostalgie,
ein Unikum aus alter Zeit,
doch alt sein wollte es noch nie,
hat sich aus Jugend nicht befreit.

Es fährt den Charme der Schärenwelt
zur Stadt, zur Insel und zurück,
wer zusteigt, seinem Bann verfällt,
verpasst den Ausstieg aus dem Glück.

Das Licht der Abendsonne schenkt
dem Inventar den alten Geist,
in Sepia die Sonne tränkt,
was ehemals von Hand verschweißt.

Der Schaffner läuft in Tradition,
spaziert mit Gleichmut im Gesicht,
als lebte er dort immer schon,
woanders fahren könnt' er nicht.

Ein Schwätzchen lacht am Halteplatz
verbringt die Pünktlichkeit der Zeit,
in den Wagons herrscht keine Hatz,
wer hierher kommt, der ist befreit.

Ich steige aus, verlass das Gleis
und lauf hinab zum Värtasee,
vertrau' dem Zug, der um mich weiß,
kommt stets zurück nach Lidingö.

Morgendämmerung

Im Morgen der Lichtung ruht nächtliche Fülle,
hier spüren geborgene Träume die Stille,
umarmt von den Hütern aus waldigem Schweigen,
ein Schmetterlingspärchen verliebt sich im Reigen.

Sie trinken die Farben aus weckendem Lichte,
erzählen sich bunt werdend Liebesgedichte,
noch tänzeln alleine nur sie überm Dunkeln,
zu hell schon für Zeugen aus himmlischem Funkeln.

Applaus aus den Logen umgebender Reihen
lässt Stimmung des Morgens zum Schauspiel gedeihen,
ein Tanz auf der Bühne im Warten aufs Leben,
Prolog für die Märchen, die Tags sich ergeben.

Aus Flirren und Zwitschern von Tänzern und Gästen
erhebt sich Kontrast zu den Schatten aus Ästen.
Die dämmernden Tücher nun magisch entweichen,
weil schemenhaft Farbe und Licht sie beschleichen.

Ein Bote im Spiegel des molkigen Schleiers
verkündet die Ankunft des Tagesbefreiers.
Noch eh er die Wipfel der Hünen ertastet,
sind alle der Sonne entgegen gehastet.

Im Schatten des Gesichts

Ein Schatten deines Angesichts
im Augenblick des Gegenlichts,
es nahm die Stimmungen von dir
und zeigte deine Seele mir.

Gebettet in dein sanftes Haar,
die Silhouette, elfenklar,
liegt wie ein Zauber in der Welt,
der meinen Atem inne hält.

Die Linie, die mein Blick erspürt,
dezent von Stirn zu Lippen führt,
ein Wimpernschlag, der leise spricht,
ich liebe dich, vergiss das nicht.

Gedanken senken leicht dein Haupt,
die niemand Schattenspielen raubt,
ein Strähnchen spielt um deinen Mund,
fühlt sich geborgen und gesund.

Zu stören dieses zarte Bild,
ist meine Sehnsucht nicht gewillt,
ich möchte still Betrachter sein,
du schaust zu mir und lädst mich ein.

Umarmte Zeit

Denk nicht über Jahre nach,
schenk die Tränen nicht dem Wind,
unsre Zeit ist nicht verloren,
wenn wir zwei zusammen sind.

Find in meinen Augen dich,
such dort nicht der Jugend Traum,
siehst du nicht die tiefen Wünsche,
die nicht brauchen Zeit und Raum?

Leg das Alter aus der Angst
in die Hände unsrer Gunst,
Liebeslieder glätten Falten,
Ewigkeit ist keine Kunst.

Heb den Kopf, und folge mir,
schenk ein Lächeln deinem Mut,
geh'n umarmt in alle Zeiten,
wie's die Jugend niemals tut.

Wetternde Ungezogenheit

Frühlingshafte Kratzer auf frischen Bildern
zerfurchen Freundlichkeit
gemalter Träume des Wintergrams ...

... Neureich erscheinen die Farben,
als ob sie obsiegten; doch protzendes Streuen
vermag nicht, die Tropfen der schmelzenden Wehmut
zu schönen ...

... laufen hinab,
verschmieren Kontraste,
enttarnen die Schwäche;
erniedrigen plusternde Streben,
tränken sich wagende Triebe,
beschweren die Zartheit ermutigter Blüten -
wenngleich noch von Nöten ...

... verlassen verschandelte Stimmung;
verkriechen sich unter den Wallungen
sonniger Höhen, die wetternden Flegeln
bald Einhalt gebieten ...

... Kratzend versuchen sich wieder und wieder,
die wandelnden Farben zu zanken - zu lieben,
bis lustlos sich Wetter dem Frühjahr ergeben.

Schlaf ein mein Herz (sad)

Schlaf ein mein Herz, du liebst die Welt,
so nimm ein Stück zum Träumen mit,
und mein Gesicht, das zu dir hält,
das mit dir lachte und auch litt.

Schlaf ein mein Herz, und schöpfe Kraft,
die du so lang gegeben hast,
solange es das meine schafft,
es sich mit unserm Glück befasst.

Schlaf ein mein Herz, ich warte längst,
hab keine Angst, ich bin schon dort,
auch wenn du an mein Morgen denkst,
wir gehen niemals einsam fort.

Schlaf ein mein Herz, der Morgen graut,
und Gott bewahre dich vor ihm,
wenn er in deine Seele schaut,
dann wird sein Blick dich mit ihm zieh'n.

Schlaf ein mein Herz (glad)

Schlaf ein, mein Herz, du liebst die Welt,
und nimm ein Stück zum Träumen mit,
und mein Gesicht, das zu dir hält,
es schaut mit dir, was dort geschieht.

Schlaf ein, mein Herz und schöpfe Kraft,
die immer du gegeben hast,
solange es das meine schafft,
es sich mit unserm Glück befasst.

Schlaf ein, mein Herz, ich warte längst
dort, wo der Morgen uns vereint,
und was du dann im Traume denkst,
erwacht aus deinen Augen scheint.

Schlaf ein, mein Herz, der Morgen graut,
ein Engel hilft dir, ihn zu seh'n,
wenn er in deine Seele schaut,
kannst du im neuen Tag besteh'n.

Frische Frühlingsbilder

Scharf gestochen überwuchern
frische Bilder trübe Augen,
ihre Tiefe scheint, aus Suchern
Blicke in sich aufzusaugen.

Plastisch bunt entspringt das Leben
aus Gemälden grauer Leinwand,
was sich unnahbar gegeben,
gibt mit Drängen seinen Einstand.

Denn der Vorhang ist entrissen
von den unbewohnten Fenstern,
Farben, die das Licht vergießen,
machen Menschen aus Gespenstern.

Noch gewöhnen sich die Geister
an die klaren Intensionen
und die Kraft der Sinnesmeister,
die in ihren Hüllen wohnen.

Und der Sprung ins kalte Wasser
aus der Lethargie des Schauderns
wärmt die Seelen der Verfasser
eingetauchten Frühlingsplauderns.

Des Kusses Antwort

Ich habe dir noch nie gesagt,
dass ich dein Bild in Träumen seh',
dass du in meinem Kopfe wohnst,
seit ich ganz anders zu dir steh'.

Ich habe mich danach gesehnt,
dass du mir deine Augen schenkst,
dass ich in ihrem Blick erkenn',
warum du so oft an mich denkst.

Ich habe nie daran gedacht,
wohin du meinen Mut bewegst,
wohin die Zärtlichkeit uns bringt,
die du in unsre Hände legst.

Ich hab' nicht an ein Glück geglaubt,
das unsre Zukunft uns verspricht,
das nicht davonläuft in der Nacht,
auch wenn es fast an ihr zerbricht.

Ich habe diesen einen Kuss,
den du mir nur gegeben hast,
der deine Ahnung wiedergibt,
womit sich mein Gefühl befasst.

Der erste Tag

Die Ungeduld im Zwitschern liegt
und das Erwachen einer Welt,
das eine in der Luft sich wiegt,
ein andres viel von sich erzählt.

Gesellen, die ein Schwarm vereint,
ein Pärchen singt ein Liebeslied,
ein Einzelgänger fröhlich scheint,
weil ihm der Wind etwas verriet.

Aus träger Suche kalter Zeit
in einer Ruhe der Natur
verdingt sich Vielgeschäftigkeit
als Botschafter für Wald und Flur.

Im Morgengrauen ahnen sie,
dass dieser Tag das Leben prägt,
die Dämmerung, so wie noch nie,
den Abend in den Frühling trägt.

Der dich hält

Wenn der Glanz der Sonne tief im Tränenmeer versinkt
und die Nacht aus Sternen keine Träume länger trinkt,
wenn der Mond am Morgen schon ins Abenddämmern blickt,
brauchst du einen Menschen, der dich hält und an sich drückt.

Wenn die Liebe aufgibt, weil du sie nicht fühlen kannst
und dein Lächeln nicht mehr über eine Freude tanzt,
wenn der Lippen Tod durch Wörter Gift besiegelt scheint,
brauchst du einen Menschen, der dich hält und mit dir weint.

Wenn der Tag im Nebel seine Lichter bald verschluckt
und das Seelenirrlicht kraftlos suchend um sich guckt,
wenn das Herzblut deiner Träume an der Wirklichkeit gerinnt,
brauchst du einen Menschen, der dich hält und mit sich nimmt.

Wenn auch nur ein Funke durch den Augenaufschlag blitzt
und ein Seufzer flieht, der im Verlies des Herzens sitzt,
wenn ein leises Ja den Lärm der Widerstände dämpft,
fandest du den Menschen, der dich hält und mit dir kämpft.

Unbeschreiblich

Welche Worte könnten mein Empfinden dir erbringen?
Welche Stimme könnt' genügen, sie zu unterbreiten?
Welche Melodien trauten sich, ihr Lied zu singen?
Würden alle doch dem innersten Gefühl entgleiten.

Welches Lächeln gibt dem deinen zärtlich meine Wahrheit?
Welche Blicke sind ein rechter Spiegel deiner Augen?
Welche Nähe wird nicht nehmen dir die eigne Klarheit?
Können meine Sinne wohl zu Sinnlichkeiten taugen?

Welches Streicheln wirst du fühlen, so wie ich empfinde?
Welches Spüren der Berührung wird dem Wunsch genügen?
Welche Küsse sind die Früchte tiefer Liebespfründe?
Wird mein Zaudern sich letztendlich Emotionen fügen?

Welche Worte auch erstrebten, Zweifel auszutreiben,
welche Blicke ich im Hoffen auf das Glück dir schenkte,
welche Nähe ich ersuchte, um dir nah zu bleiben,
geb' mich einfach hin nun dem, was meine Fragen lenkte.

Harren im Moment

Der Morgen schenkt mir ein
aus der Karaffe voll mit Licht,
ein Duft von Blütenwein
versüßt die Frische im Gesicht.

So still, gesetzt, das Flair,
kein Trubel in der Festlichkeit,
die Luft, noch stimmenleer,
zum Schmecken stimmungsvoll bereit.

Ein Atemzug verführt
- mit Blick zur Farbenharmonie -
die Augen – lichtberührt -,
zu schauen ihre Melodie.

Ein Ziergeflecht erklingt,
aus Flies, das Totenstille schmückt,
den Ton ins Bild einbringt
und dies ins rechte Licht nun rückt.

Ein leichter Hauch bestrebt
das Harren im Naturmoment,
zu wissen, dass es lebt
aus dem, worin es sich erkennt.

Winterschlaf

Trauernde Märsche
erwachender Tropfen
tragen den Winter auf Ästen
zu Grabe.

Treffen zusammen
am Stamme des Lebens,
krächzend am Feiern
ein einsamer Rabe.

Laufen hinab und
ertränken die Rinde,
unten ahnt niemand
die Wendung der Lage.

Nur unterm Schillern
verwässerter Zweige
hebt sich der Winterschlaf
langsam zutage.

Die Violinistin

Angeschmiegt, doch konzentriert,
tief versunken und pausiert,
weicher, kaum gewagter Streich,
Fluss des Klangs in Blut und Fleisch.

Die Liebkosung schwingt zurück,
Kuss des Bogens klingt ins Glück,
zart besaitet ist sie nicht,
nur Gefühl zeigt ihr Gesicht.

In der Anmut deines Arms
wiegt sich Wonne ihres Charmes,
du verstehst dein Liebesspiel,
dem sie sich ergeben will.

Und dein Blick erzählt von ihr,
was wir hören, schenkt sie dir,
du alleine fühlst das Lied,
weil du spürst, was euch geschieht.

Das Geheimnis nicht verklingt,
wenn der letzte Streich verschwingt,
denn nach jeder Melodie
liebt sich eure Harmonie.

Zwei Schlösser

Zwei Schlösser sind befangen
durch ihre Schlösserzangen,
wie Ringe, die verschlungen,
sind eins und eins durchdrungen.

Den Schlüssel zu vernichten,
um Bindungen zu richten,
geschieht oft im Vertrauen,
doch auch, um vorzubauen.

Zu prüfen ihre Einheit,
bedarf's der Schlüssel Freiheit,
gebrochenes Ergeben
wird eins nicht überleben.

Doch bleiben sie geschlossen,
die Schlüssel längst verflossen,
sind einig Freud und Schmerzen,
zwei Schlösser sind zwei Herzen.

Teelicht

Ganz ohne Charme, so weiß und nackt,
ein Stückchen Wachs mit Docht darin,
nur in ein Stück Metall verpackt,
zur Kerzenpracht wohl kaum gedieh'n.

Gegriffen wahllos aus dem Heer,
ein Zufall in der Billigkeit,
und ist die Packung einmal leer,
steh'n billig tausende bereit.

Jedoch entzündet Zauber sich
mit einer kleinen Flamme schon,
verharrt so still und abendlich,
sitzt wie ein König auf dem Thron.

Allein die Aura, die erstrahlt,
bedarf kaum einer Farbenpracht,
was manche dicke Kerze prahlt,
ein Teelicht nur durchs Leuchten macht.

Ungewissheit

Ich seh' im Morgengrauen
deinen Schatten dort im Garten,
die Nacht starb im Vertrauen,
wirst du wirklich auf mich warten?

In Leidenschaft vergossen,
war Umschlungenheit das Leben,
die Zeit ist nicht verflossen,
als sie rief, uns hinzugeben.

Im Schlaf geglaubt, zu wissen,
dass ein Traum die Wahrheit findet,
dein Duft verbleibt in Küssen,
deren Macht das Jetzt entzündet.

Die Wirklichkeit erfragend,
ob der Morgen hält Versprechen,
die Stille kaum ertragend;
wird die Dämmerung sich rächen?

Versunken in den Schatten,
gibt dein Wink mir zu verstehen,
Momente, die wir hatten,
werden eine Zukunft sehen.

Unsere Rose

Eine Rose zwischen dir und mir,
Tanz der Blicke auf dem Blütenflaum,
durch den Duft verspricht mein Flüstern dir,
dass gemeinsam diesen Tanz wir schau'n.

Leise singt Melancholie dazu,
wiegt die Augen in der Leidenschaft,
und der Reigen unsres Ich und Du
legt ins Lächeln eine Zauberkraft.

Halte fest die Liebesblume, still,
meine Hand liegt schützend überm Dorn,
dass sich deine nicht verletzen will,
Hand um Hand hat sich so eingeschwor'n.

Wenn das Rot der Rose auch erlischt
und der Dorn alleine übrig bleibt,
wenn das letzte Blatt an ihm zerbricht,
Frucht der Liebe neue Blüten treibt.

Liebesschauer

Frohlockend nährt mein Blick das Wissen
um Bedeutung deiner Augen;
die Stille lässt die Schauer fließen,
die zur Aufgelöstheit taugen.

Ein Lächeln badet in den Lippen,
rot, verführerisch wie Wein,
ich möcht so gerne daran nippen,
will berauscht von ihnen sein.

So ebenmäßig die Gedanken,
zart Konturen an sich schmiegend,
verstreichen bald mein letztes Wanken,
Zweifel des Verstands besiegend.

Verführt bin ich durch Antlitzsinne
und den weichen Duft der Haut,
genießend hält mein Atem inne,
der im Kuss sich kaum getraut.

Der Liebesbrief

Weit gereister Umschlag in pastellig sanftem Ton vor mir.
Er verspricht die Wahrheit, dass die Nachricht kommt allein von dir.
Aus der Anschrift feiner Linien lese ich den Kuss heraus,
und das kleine Herz als I-Punkt drückt die Offenbarung aus.

Das Entfalten deiner Seiten mit Gefühl und nicht geschwind
breitet aus die Wesenszüge, die in Schrift gebettet sind.
Lasse wirken dieses Fließen, deine Worte sind gemalt,
Licht der Seele eines Menschen, das aus ihrem Schwung erstrahlt.

Was du schreibst, kann ich erfassen - wäre ach so schnell verblasst,
hättest du es nur gesprochen und nicht in ein Bild gefasst.
Jede Zeile deiner Zeichnung bringt hervor die Leidenschaft,
die nur schöner wird durch Fühlen, nur Gesagtes hat kaum Kraft.

Ganz am Ende deines Briefes liegt das Glück im letzten Satz,
zeigt der Hoffnung meines Lesens durch drei Worte ihren Platz.
Und du schenkst mir deinen Namen, hab ihn nie zuvor geseh'n,
gibt dem Bild den schönen Rahmen, der mir hilft, es zu versteh'n.

Geliebte Muse

Verlässt mich der Verstand, wenn ich dich seh'?
Oder küsst mir deine Muse ihre Wahrheit ins Gesicht?
Im Blau der Augen ich nach Blicken fleh',
denn sie weisen mir den Weg, zu finden mich im rechten Licht.

Es scheint sich meine Welt im Kreis zu dreh'n.
Schlichtes Grau erstrahlt in Farben deiner Aura bunt und hell.
Ich liebe es, in deinem Sinn zu steh'n;
all mein Tun und Denken floss zuvor nur selten rund und schnell.

Allein die Sorge um das Glücksgefühl
nimmt vorweg die Ahnung um Zerbrechlichkeit der Phantasie.
Was ist, wenn jenes mehr als diese will?
Nicht verwinden könnt' ich den Verlust der Kunst, die frei gedieh.

Verführt zur Liebe durch die Intension,
zu ergeben mich der Muse zugeneigter Sinnlichkeit;
vielleicht der Zauber dadurch bald entfloh'n,
ganz zugunsten eines Glücks aus allzu wahrer Innigkeit.

Ich kann nicht anders und verfalle dir;
will es wagen, lass mich fallen in dein Herz, so offenbart.
Und wenn die Muse auch verblasst im Wir,
tausch ich gern das Unnahbare gegen Tiefe ein, so zart.

Oh Liebste, mein

Oh, Liebste, mein, mir ward gewahr
ein Licht in meiner Seele,
der Grund des Fühlens es gebar,
dass es mich quält, ich nicht verhehle.

Ich wusste nicht, wohin, zu wem,
ich meinen Schmerz sollt' tragen,
und fürchtete, nicht zu besteh'n:
den Träumer wird der Irrsinn plagen.

Doch nun dein Blick aus Augen winkt,
erlösend, unvermutet,
wie ein Kristall im Schicksalswind,
mein Herz als Spiegel deines blutet.

Ein Zeichen hast du mir geschickt,
aus Sehnsucht, unsrem Schicksal,
es ist aus Zufalls Garn gestrickt,
Geliebte, mein, ein Liebes Zu-Fall.

Ring der Hoffnung

Ein leiser Klick am Fensterglas
ein Ring am schmalen Finger,
er schmückt die Hand, die nie vergaß,
erhoben ein ‚Auf immer'.

Die Hand verlässt am Arm der Mut,
die Schulter lässt ihn sinken,
daran hat Er so oft geruht
und ließ ein Lächeln blinken.

Auf Schultern sitzt der Kopf geneigt,
Gedanken fall'n ins Leere,
‚Verlass mich nicht' im Munde schweigt
im Augenblick der Schwere.

Der Blick verlässt die Straßenflucht,
verweilt am Fenster lange,
die Träne einen Weg sich sucht,
und eilt hinab die Wange.

Die Schulter hebt den Arm empor,
die Hand den Finger lenkend,
verstreichend schaut der Ring hervor,
den Glanz der Hoffnung schenkend.

Eines Blattes Antwort

Gedanken des Tages beschlagen die Scheiben,
die Fragen dahinter auf Fäden gereiht,
durchziehen die Antwort im menschlosen Treiben,
doch sickern zu Boden ganz ohne Geleit.

Solang sie nicht reißen, den Himmel zu schönen,
beschwere ich weiter das waschende Grau,
vielleicht fällt ein Flecken heraus, mir zu gönnen,
dass ich ihn empfinde auch ohne ein Blau.

Versagende Blicke verlassen den Wettlauf
und hinken der Nachhut vertropft hinterher,
zur Nacht schlag ich wieder das fragende Bett auf
und fall in den Morgen aus strahlender Mär.

Dort find ich ein Zeugnis, Relikt einer Trauer,
hat schattig den tünchenden Stern überlebt,
versammelt die Fragen im Riss einer Mauer,
ein Blatt nasser Schönheit den Gleichmut erbebt.

Muttertag

Ich schau in dein Gesicht, Mama,
und flieg in die Vergangenheit,
die Bilder aus Erinnerung
im Vis a Vis erneut befreit.

Du hast mir Kindheit zugespielt,
nicht jedes Wort ein Kinderspiel,
und doch vertraut in meinem Kopf
es nie in eine Falle fiel.

In deinem Blick von Tag zu Tag
stand ich - und du sehr oft zurück,
und deine Tränen zeigten mir:
die Löwin kämpfte um mein Glück.

Als ich hinein stieg in die Zeit,
die immer auch ein Abschied ist,
trug mich das Urvertrauen fort,
das suchend nicht den Quell vergisst.

Ich schwimme nun durch offne See,
die Jahre alt, und ich und du,
das große Meer fließt nicht davon,
schickt es mich heim, schenk ich dir Ruh.

Ein Lächeln streichelt dein Gesicht,
da meine Wange deine kennt,
was einmal war, dazwischen bleibt
und dich die beste Mutter nennt.

Von Blau bis Blau

Blau und Warm beschwingt die Lust,
Warm und Nass, verdrängt gewusst,
Nass und Kalt vermisst das Blau,
Kalt und Grau, die Stimmung lau,
Grau und Weiß versöhnt den Schmerz,
Weiß und Blau, es hüpft das Herz.

* * *

Kuss eines Engels

Weiche Linien deines Mundes zeichnen Lächeln ins Gesicht,
feine Lider sind geschlossen, ruhigen Atem hör ich nicht,
nur dein Antlitz in Erwartung, die die Ruhe darin zeigt,
nicht verlangend, doch erhoffend Anmut mir entgegen schweigt.

Die Berührung deiner Haut hab ich zuvor noch nie gewagt,
ist es Sünde wenn man Engel um die Gunst, zu Küssen fragt?
Und nun liege ich so nah bei dir, wenngleich der Mut noch fehlt,
was ich tu, liegt nun nicht mehr bei mir, es ist durch dich beseelt.

Warme Wange legt Verführung in den ersten Kuss hinein,
ihre Weichheit wird das Ende meines Widerstandes sein,
meine Lippen wandern weiter, um zu finden deinen Mund,
Wellen unsrer Körper färben Schmetterlinge bunt.

Das Umschließen deiner Arme hebt die letzte Grenze auf,
lass mich aus Gedanken fallen und Gefühlen freien Lauf,
und die Antwort meiner Sehnsucht auf die Frage deiner Lust,
lässt die Herzen überfließen auf dem Weg von Brust zu Brust.

Verlockungen

Ein Gurren taubt die Stille.
Ein Wehen windet Kühle.
Dein Flüstern mundet Wille.
Mein Denken köpft Gefühle.

Dein Hüpfen herzt mein Warten.
Ein Scheinen sonnt mir Milde.
Das Himmeln wolkt im Garten.
Doch Sehnen sucht dein Bilde.

Dein Locken haart in Brisen.
Dein Wispern züngelt wieder.
Mein Blühen grast Genießen.
Mein Schatten dunkelt Lider.

Wo bist du?

Ich hab dein Gesicht in die Wolken geblickt
und Seufzer in streunende Winde geschickt,
ich saß auf der Bank in gespenstischer Ruh,
... wo bist du?

Ich flog durch das Land auf der Suche nach dir,
ganz nah fühlte ich dich so oft schon bei mir,
der Horizont warf mir die Frage neu zu,
... wo bist du?

Ich lief durch die Stadt, und ich suchte dich dort,
ich saß im Café, du warst immer schon fort,
ich sah aus dem Fenster, verfolgt von dem Schmu:
... wo bist du?

Ich sitze im Haus und vermache den Gram
den müden Versuchen aus Hoffnung und Scham,
erschöpft schlaf ich ein, wie ich's jede Nacht tu,
... wo bist du?

Zwinkern der Unendlichkeit

Klaub die Luft aus jungem Gras,
Halme brechen Strahl der Sonne,
kühler Duft, der um mich saß,
bettet wärmend sich in Wonne.

Am Zenith der Horizont,
taucht hinab in meine Blicke,
hebt mich hin, wo niemand wohnt,
zeigt mir, wie ich Wolken pflücke.

Liege tief und falle hoch,
scheinbar nimmt das Blau kein Ende,
spüre meinen Körper noch,
hängt allein an meiner Wende.

Zwinkern der Unendlichkeit
schickt mir einen Mut, zu gehen,
hat nicht wirklich mich befreit,
doch erlaubt, ein Ziel zu sehen.

Wer bist du?

Einer dieser Abende,
an dem dein Ruf mich trifft,
stets war ich der Fragende
und hab ihn doch umschifft.

Stehe dann im Sternenmeer,
wo dein Gesicht mich sieht,
hör den Ruf nun nimmer mehr,
weil Nacht ihn mit sich zieht.

Weiß ich, ob du wirklich warst,
ob du vielleicht noch bist,
oder einfach offenbarst,
dass du mich nicht vermisst?

Kenne nicht den Kern in mir,
der immer wieder fragt:
wer du bist und warum hier,
dass meine Seele klagt.

Rosenantwort

Auf dem Bett der Rosenblüte
fließt durch Blätter sanftes Lächeln,
und den Duft, den ich behüte,
wünscht sich, dich mir zuzufächeln.

Schenkt ihr Leben deiner Freude,
spiegelt sich in meinen Augen,
zwischen uns der Blüten Seide,
kann zu unserm Wagnis taugen.

Näherung legt sich als Schatten
der Berührung unsrer Lippen
auf die Fragen, die wir hatten,
dürfen Rosenantwort nippen.

* * *

Herzblühen

Im Vorbeigeh'n sehen wir oft nur
in Gesichter der Sekunden,
die als Puzzleteil des Schicksals
kaum ein Bild erahnen lassen.

Schau'n wir tiefer in Minuten,
können wir ein Herz erkennen
und vielleicht ein schwaches Blühen
unsres eigenen erfassen.

Warten wir noch etwas länger,
spüren wir die zarten Triebe,
die sich unverhofft erbarmen
und sich nicht mehr selber hassen.

Moll zu Dur

Schaue durch die Sprossen in die Ungeschriebenheit,
mollig sitzen dort zwei, drei Gefühle aufgereiht,
einsam ist das Fest der alten Sehnsuchtsmelodie,
und nach der Vollendung ihrer Strophe fragen sie.

Noch ist nur die erste Zeile ein Fragment der Sicht,
die sie leugnend fort bestimmt aus Angst vor einem Licht,
lockt mich elegant zum Tiefgrund grauen Wohlgefühls,
trifft doch nie ins Blaue meines anvisierten Ziels.

Lasse mich beknien und verschenke jeden Ton,
hocken weiter dort, doch ist ihr Herz schon längst gefloh'n,
schmächtig wird die Wallung, die mich Takt um Takt erschlägt,
kurz vor ihrem Ende mich der Klang nicht mehr erträgt.

Denn ein Dur ist mitten in den Abgesang gehüpft,
ist dem wahren Wollen meiner Unkenntnis entschlüpft,
lässt die Seite schwer belad'ner Streben dann zurück,
schwingt sich leicht auf neue und schreibt Lieder in mein Glück.

Kindergeschichten

Kindergeschichten

Eure Welt

Um sich geschart Plüschfiguren aus Glück,
sauber wie immer, mit Starre im Blick.
Spielzeug, so blank und die Bilderbuchrei'n.
Können Geschichten auch Wirklichkeit sein?

Einfaches Rufen Routinen entfacht,
Mama tritt ein - auf Kommando sie lacht,
harmlose Frage ihr Lächeln entspannt,
kommt, wenn nichts ist, immer gern angerannt.

Stellt mit den Augen die Sicherheit fest,
die ihre Kleine ins Leben nicht lässt.
Dafür erfüllt sie die Wünsche ganz schnell,
nur wie die Sonne, die Lampe nicht hell.

Schließt noch das Fenster, soll offen nicht sein,
Blatt auf dem Bett trug der Wind wohl herein,
„Lass es doch liegen, das Stück eurer Welt,
möcht' es betrachten durchs Sauerstoffzelt."

Leseabend

Das Licht verschwimmt zur späten Stund',
auf Kissen harrt der Kindermund,
noch tuschelnd ob des Zaubers Duft
nach Abenteuern in der Luft.

Den Finger an den Mund gelegt,
das Wispern sich nicht länger regt,
geheimnisvolles Lächeln macht
den Vorleser zum Stern der Nacht.

Vertieft sich in sein großes Buch,
die Spannung wirft ein weites Tuch,
es legt sich auf Gesichter Glanz
und öffnet Mund und Augen ganz.

Sodann die neue Welt beginnt,
mit ihr das Kerzenwachs verrinnt,
das Eifern lässt die Zeit vergeh'n,
sogar das Gähnen um halb zehn.

Vorangeschritten ist das Leid,
das nun der Held zum Schluss befreit,
gespannte Übernacht entlässt
ein Staunen aus dem Kindernest.

Magie verstreicht, doch ist nicht fort,
bringt jeden Traum zu seinem Ort,
die Helden und das Kerzenlicht
vergessen müde Krieger nicht.

Ein ganz normales Kind

Ich hab ein ganz normales Kind,
so einfach, wie die andern sind,
doch seit es in die Schule geht,
ihm etwas seinen Kopf verdreht.

‚Du bist speziell und nicht normal‘,
ein Satz so richtig doch auch fahl,
wenn auf der Selbstverständlichkeit
der Popanz deines Selbst gedeiht.

Früh morgens gehst du aus der Tür,
sie machen dort etwas aus dir,
es wird ein Bild hervorgekramt,
die Schwächen werden eingerahmt.

Du kommst maskiert nach Haus zurück,
der Lehrer schwärmt, *Sie haben Glück,*
denn dieses interessante Kind
erfüllt Klischees, die offen sind.

Ich frag, warum mein Kind nicht strahlt,
Sie haben nicht genug geprahlt
mit userm neuen Bild von ihm,
gezeichnet durch das Krisenteam.

Expressionismus mocht’ ich nie,
er zwingt Gesichter in die Knie,
ich werf’ die Maske in den Wind,
schon lacht mein ganz normales Kind.

Zu Bett gehen

Am Ende eines Tags beginnt
die Feilscherei mit müdem Kind,
erkämpft Minuten Zug um Zug,
der Tag ist niemals lang genug.

Es fühlt sich wach und doch verkehrt,
zu Unrecht durch Mama belehrt,
denn was es sucht im Rest der Zeit,
scheint wichtig für die Ewigkeit.

Sie rennt dahin, es hinterher,
als wenn's die letzte Stunde wär',
mit Blitzideen voll gestopft,
und Mutti jetzt schon lauter klopft.

Der Schlafanzug geht mit ihm mit,
nach jedem Hosenbein ein Schnitt,
auch zwischen Hemdes Ärmeln liegt
ein Stückchen Zeit, das es verbiegt.

Der Weg zum Zähneputzen schwer,
ein Tränchen trübt den Eifer sehr,
es hat noch etwas überseh'n,
wird wohl die Zeit nicht übersteh'n.

Denn Mutter seufzt schon in der Tür,
wie lange dauert das mit dir,
die Blicke bang, das Mäulchen blinkt
und ein Versuch, der knapp gelingt.

Letztendlich ist der Tag vollbracht,
Geschichten sprudeln in die Nacht,
ein Kuss die Augen langsam schließt,
ein Lächeln sich zum Schlaf ergießt.

Erfrorene Nächte

Als Kind, da stellte ich mir vor,
wenn ich in meinem Bett erfror,
ein Schiff hielt sich für mich bereit,
der Morgen so unendlich weit.

Im Dunkeln, ohne Gruß zur Nacht,
hab ich die Augen zugemacht
und stets gehofft, ich schlaf nicht ein,
damit das Schiff mich kann befrei'n.

Unendlich weit trug es mich fort,
Geborgenheit war mit an Bord,
der Tag zuvor ein fremdes Land,
in dem mich niemand hat erkannt.

Das Ziel? Ich weiß nicht, wo es lag,
doch weit entfernt vom neuen Tag,
es zu erreichen nie gelang,
weil mich die Müdigkeit bezwang.

So trug die Hoffnung mich davon,
und die Minuten reichten schon,
nach dem Erwachen zu besteh'n,
um Abends wieder fortzuzieh'n.

Kein kaltes Herz

Ein Herz für Kinder dieser Welt,
für die die Kindheit nichts mehr zählt,
schlägt einsam in der Lachen Glut,
verblutet, wenn's das and're tut.

Ob Stadt, ob Land, ob Kontinent,
ein Herz den Unterschied nicht kennt,
denn ein Gesicht ist ein Gesicht,
die Unschuld weint im Gleichgewicht.

Ein Herz für Kinder misst die Not
nicht nur danach, woher sie droht,
es sucht auch keinen hehren Zweck,
es sieht allein den Leidensweg.

Es hüpft vor Freude, tanzt im Wind
beim schwächsten Lächeln tief im Kind,
es hält den kleinen Herzschlag fest,
wenn Sturm ihn fast zerschlagen lässt.

Ein Herz für Kinder schlägt nicht laut,
nur spürbar, wenn ein Kind vertraut,
verkommt sein Leid zum Wühltischschmerz,
sucht seine Not ein kaltes Herz.

Emotioneninflation

Im Stimmungsbabylon der Welt
der Wert des Lachens schnell verfällt,
Beliebigkeit der Emotion
durch Tränendrüseninflation.

Gelächter folgt dem fahlen Scherz,
Gesicht verzerrt, doch leeres Herz,
vielleicht hysterisch aus der Not,
dass nur wer lacht, ist noch nicht tot.

Die Tränen, die wir rollen seh'n,
sie schmücken zwar Gesichter schön,
jedoch wer kennt die Quelle schon,
wenn ihr das Antlitz ist entfloh'n?

Verlässlich ist indes ein Licht,
aus welchem wertvoll Wahrheit spricht,
das Lachen aus dem Kindermund
gluckst goldig, ist das Kind gesund.

Und selbst im Weinen liegt die Kraft,
auch wenn es keine Freude schafft,
zu zeigen, dass in jedem Kind
noch wahre Wirklichkeiten sind.

Muschelsammler

Kleine Zehen krallen Sand,
große Krempe schützt den Denker,
greift ins Meer und hockt am Strand,
suchend machen Ärmchen Schwenker.

Blinzelt in die Reflexion,
die im Eifer er zerbricht,
eine Muschel hat er schon
stolz entlockt der seichten Gischt.

Und sein Kennerblick entdeckt
eine Krönung unter Wasser,
frech die Flut die Zeh'n erschreckt,
wild entschlossen, und auch nasser.

Seine Zunge sucht den Mut
durch Verbissenheit hindurch,
sagt dem Arm, was er auch tut:
Greif nach vorne ohne Furcht.

In Begierde aufs Objekt,
die die Vorsicht in den Wind schlägt,
ist der Übermut versteckt,
der die Nase weit hinaus trägt.

Findet so den Schatz doch nicht,
der ihn eben noch gelockt,
dafür Wasser sein Gesicht,
schnappt nach Luft und ist geschockt.

Fast vom Tränenkampf besiegt,
fühlt er in der Faust, was rettet,
Strahlen aus den Augen fliegt,
Riesenmuschel eingebettet.

Papa, sag

Papa, sag, wo geh'n wir hin,
meine Traurigkeit ist groß,
Kind, wir wollen sie doch seh'n,
Kind, sie lässt mich nicht mehr los.

Papa, sag, was macht sie dort,
seit sie uns verlassen hat,
Kind, sie weilt an jenem Ort,
denn sie hat dies Leben satt.

Papa, sag, was schenken wir,
leere Hände sind nicht fein,
Kind, nimm diese Blumen hier,
stecke auch die Kerzen ein.

Papa, frag sie doch einmal,
ob sie wieder mit uns kommt,
Kind, das wäre eine Qual,
sie ist froh, wo sie jetzt wohnt.

Papa, warum flüsterst du
ihren Namen in die Nacht,
Kind, die Liebe deckt so zu,
was der Herrgott still bewacht.

Papa sag, bleibst du bei mir,
wenn wir gleich nach Hause geh'n.
Kind, ja, das versprech' ich dir,
bis wir Mama wiederseh'n.

Ein Kindergedicht

Schau her, und setz dich doch ins Gras,
sein Grün hält sich für dich bereit,
sieh an, das Grass ist nicht mehr nass,
das zeigt, der Frühling ist nicht weit.

Schau her, die Gänseblümchenpracht,
nun pflück dir eines davon ab,
und fühl, was es im Händchen macht,
fühl an die Blüte, die Gott gab.

Schau her, der kleine Käfer dort,
reich ihm den Finger, du wirst seh'n,
er klettert drauf und fliegt dann fort,
hat Punkte, die ihm prima steh'n.

Schau her, das Kleeblatt ist zu dritt,
sieht aus, als fehlt das vierte Stück,
Du kannst schon zählen? Dann zähl mit.
Und hat es vier, schenkt es dir Glück.

Schau her, steh auf, und sieh mal hin,
worin du grad gesessen hast,
behalte dies in deinem Sinn,
dann wird Natur dir nicht zu Last.

Zwischen den Welten

Zwischen tausend schnellen Schritten
über Sommertrockenheit
hilft kein Flehen und kein Bitten,
wer nur schleichen kann braucht Zeit.

Jeder Tritt trägt nur Gedanken
an das Große tief im Tag -
Millimeter sind nur Schranken,
wo Bewusstsein niemals lag.

Kleine Schnecke kriecht missachtet,
weil auch Achtung sich nur kennt,
die nicht nach dem Leben trachtet,
doch es oftmals überrennt.

Ist es Schicksal oder Planung,
oder ist es Empathie,
ist es nur des Kindes Ahnung,
die der Schnecke Glück verlieh?

Weilt, wo andre sich entgehen,
ist das Bindeglied zu mehr,
hilft dem Kleinen, zu bestehen,
Großes fällt dem Kind nicht schwer.

> ‚Kinder retten Tiere' – ein
> Klischee im Menschenbild, weil
> das Blut als Farbe die Gier nach
> Menschsein nicht mehr stillt.

Ausgedacht

Er erzählt mir von der Schwester,
die sein kleines Herz verehrt,
und wie sie in seinen Träumen
nicht die Einsamkeit beschwert.

Er zeigt stolz den Kranz aus Blumen,
den er ihr geflochten hat,
und ein Stück vom Lieblingskuchen,
weil er weiß, es macht sie satt.

Er erzählt mir von dem Bruder,
dessen Ball auch seiner ist,
und von ihrer großen Wiese,
die die Wirklichkeit vergisst.

Nur die Spur des wilden Rennens
durch das Gras bezeugt den Tag,
weil am Abend nur die eine
ihn ans Spiel erinnern mag.

Er erzählt mir vom Geheimnis,
tief in seinem großen Raum,
möchte unter stolzen Augen
dort nach seinen Freunden schau'n.

Und er fährt uns mit dem Rennspiel
zum Besuch der Phantasie
„Schau, das Haus, vor dem ich parke,
ja, in diesem leben sie."

Ein Gebet

Sieh das Falten seiner Hände,
nimm sein kindliches Gemüt,
öffne seines Geistes Wände,
dass es deine Liebe sieht.

Hör die Worte seiner Seele,
unverdorben, was sie spricht,
schenk ihm, dass nicht Lüge quäle
ihm die Falschheit ins Gesicht.

Fühl das Atmen seiner Stimme,
spürst du diesen Lebenshauch,
gib ihm Kraft, dass seine Sinne
Wahrheit seh'n mit Kopf und Bauch.

Schau in seine müden Augen,
fallen gleich in tiefe Nacht,
lass es schlafen in dem Glauben,
dass es neu mit dir erwacht.